W0390395

Phuket

Uitgeverij ANWB

Inhoud

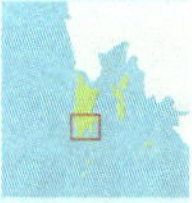

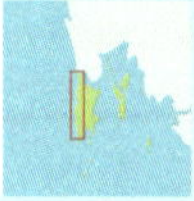

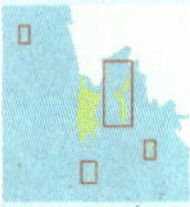

Het belangrijkste eerst

Multiculti op Phuket
Hier wonen Thai, Chinezen, zeenomaden, immigranten uit de hele wereld. Het nieuwe jaar wordt op Phuket driemaal gevierd: westers, Chinees (tussen 21 januari en 21 februari) en behoorlijk vochtig-vrolijk op het Thaise Songkran (13-15 april).

Vegetariërs zijn saai?
Het Vegetarian Festival in de 9e maanmaand (sept./okt.) wordt gevierd door het nageslacht van de Chinese immigranten. Het dient om lichaam en geest te reinigen – vandaar de vegetarische aanpak. Naast de ceremonies met veel tamtam en wierookstokjes zijn er over vuur lopende, beschilderde mannen die zichzelf doorboren met spiezen.

Girl power
Lady Chan en Lady Mook verdrongen in de 18e eeuw de Birmese indringers. Toen de mannen al wilden opgeven, riepen de wijze zusters de vrouwen op zich van het fornuis naar het slagveld te begeven. Ze kwamen allemaal, gekleed als Thaise strijders. De Birmezen schrokken van de overmacht en vertrokken met de staart tussen de benen.

Het ene nog mooier dan het andere
Hoeveel stranden heeft Phuket? Dertig? Meer? Het ligt er maar aan hoeveel van de piepkleine baaitjes je meetelt. Het zijn er in elk geval meer dan genoeg om elke strandliefhebber gelukkig te maken. En het 'strandlandschap' is ontzettend divers: je kunt je bijna niet voorstellen dat het wilde Patong en rustige Mei Khao op hetzelfde eiland liggen.

Zoek je een souvenir?
Schelpen en stenen zijn taboe: die mogen niet van het eiland worden uitgevoerd. Maar wat dacht je van cashewnoten, die op het eiland nog gewoon van de bomen worden geplukt. In de cashewnotenfabriek Sri Bhurapa Orchid in de buurt van Phuket Town kun je zien wat een zwaar werk er in de snack zit.

Ik spreek toch geen Chinees?
De hele wereld viert vakantie op Phuket. Voor toeristen uit Azië is het eiland als Mallorca en Ibiza voor ons. Sommige dagtochten worden tegenwoordig alleen nog maar in het Chinees aangeboden. Vooral de eilanden in de baai van Phang Nga kun je daarom beter op eigen houtje bezoeken.

!

Afvalhelden gezocht
Wie wil er nu niet een keer een superheld zijn? Phuket, Phi Phi, ach, de hele wereld heeft afvalhelden nodig. Raap je mee? Kijk op www.fb.com/trashherophuket.

Een tocht met een longtail
Een boottocht met een longtail hoort er op Phuket absoluut bij. En hoe verder van de gebaande vaarwegen, hoe mooier het wordt. Dus charter vooral een boot voor een dag en stippel zelf je route uit. Doe in elk geval niet wat 'iedereen' al doet, want dan sta je al snel vast in een file van boten. Laat de hotspots maar lekker voor wat ze zijn. Dat klinkt misschien als een gemis, maar het is niet zo erg. Hier is namelijk zo veel moois te zien ...

Scheepsgodinnen
Ga op een longtail nooit voor op de boeg zitten, hoe veel schaars geklede toeristen je het ook ziet doen. Het levert de bootsman alleen maar problemen op. Niet omdat zijn vrouw jaloers wordt als ze ziet dat hij een verleidelijke westerse rondvaart, maar omdat de scheepsgodin dan in woede ontsteekt. De punt is namelijk háár plek, zij moet zorgen dat de boot veilig is. En de kleurrijke linten hangen aan de boeg ter ere van de godin.

'Phuket? Veel te toeristisch', dachten we lange tijd. Tot we er voor een evenement een keer heen moesten en meteen verliefd werden: op de stranden, de mensen, de architectuur en het eten – er zijn tal van redenen om steeds terug te komen. En bij elk bezoek ontdekken we weer wat nieuws.

Vragen? Ideeën?

Laat het ons weten! Ons adres bij de ANWB:

@ *anwbmedia@anwb.nl*

Dit is Phuket

'Wil je naar Phuket, serieus? Daar is toch niets anders te beleven dan zon, zand en zee? En waar ligt het eigenlijk? Thailand? Daar lachen ze de hele dag. En je kunt er ook nog ontzettend lekker eten. Nee, dat is helemaal niks!' Inderdaad. Phuket bulkt van de droomstranden en is omringd door een heerlijk warme zee met een fascinerende onderwaterwereld. En je ziet de hele dag vriendelijk lachende Thai. Maar Phuket heeft nog veel meer te bieden.
Het is een smeltkroes voor creatieven uit de hele wereld en een plek waar ontspanning, opwinding en avontuur op geheel eigen manier samenkomen. Er zijn mensen die dat gevoel 'phuketastisch' noemen, al klinkt dat niet erg aantrekkelijk.
Wat kun je op Phuket verwachten? Zoals verwacht zijn er de zon, het strand en de zee. Kunst, plezier en sport. Toeristische attracties naast het dagelijks leven van de locals – schijnbaar onaangetast door de snel veranderende, moderne wereld. Levendige markten staan naast enorme winkelcentra met veel glas en staal. En dat alles op een eiland dat iets kleiner is dan Ibiza. Met 543 vierkante kilometer is Phuket Thailands grootste eiland. Het is zo'n superlatieven-reisbestemming waar je alles kunt vinden wat je hartje op vakantie begeert. Dat dit het geval is, is echter bepaald geen geheim en de toeristen kunnen Phuket al tientallen jaren goed vinden. Het kan hier behoorlijk druk zijn. In 2018 werd het eilandje bezocht door zo'n tien miljoen reizigers!
Toch regeert het toerisme niet overal. Kijk dus goed naar links en rechts en ontdek de verborgen pareltjes 'off the beaten track' – het 'oude' Thailand, dat nog prima uit de voeten kan zonder McDonald's en Starbucks. Je vindt het in de stilte waarin de in oranje gewaden geklede monniken aan de voet van het gouden Boeddhabeeld zitten, in het vrolijke gebabbel van twee marktvrouwen, tijdens lange wandelingen op verlaten stranden (ja, die kun je zelfs op Phuket nog vinden) en in het dichte, geheimzinnige groen van de jungle.

Phuket Town en het zuiden

De hoofdstad van het eiland is bepaald geen metropool. Phuket Town werd in 2004 dan wel officieel tot 'City' uitgeroepen, maar oude gewoonten slijten langzaam. Bovendien past 'Town' veel beter bij het kleine, overzichtelijke stadje, dat dankzij zijn architectuur ook erg charmant overkomt. De vele kunstenaars die zich hier hebben gevestigd, voegen ook nog een vleugje avant-garde toe. Neus rond in kleine galeries en boetieks, ontdek eerbiedwaardige tempels en geniet van het heerlijke authentieke eten. Andere hoogtepunten in het zuiden zijn de grootste boeddhistische tempels van het eiland, een enorm wit Boeddhabeeld en een aantal kleine droomstranden waar je nog enigszins van de rust kunt genieten. En mocht je sportieve ambities hebben, dan kun je het beste verblijven in de 'fitnesssteeg' van Chalong. Hier zijn talloze trainingsmogelijkheden en is gezond eten te koop.

Van harte welkom op de droomstranden van Phuket!

Het westen

De stranden aan Phukets westkust zijn zonder twijfel de mooiste van het hele land. Vooral het beroemde Patong Beach is een mekka voor iedereen die wat wil beleven – je kunt hier overdag op het strand hangen en je 's avonds bruinverbrand in het nachtleven storten. Maar ook de stranden ten noorden en zuiden daarvan zijn een droom. Veel bezoekers komen dan ook helemaal niet van 'hun' strand af. Waarom zouden ze ook, alles ligt binnen handbereik: van het ontbijtbuffet naar de zee, dan naar het restaurant. Misschien nog even een massage? Het is toerisme wat de klok slaat. Overal? Nee, want een behoorlijk groot stuk van het noorden is beschermd als nationaal park. Het is bijna niet voor te stellen, maar het is hier zó relaxed dat schildpadden hier hun eitjes leggen.

De karstwerelden in de omgeving

Het eiland Phuket is al prachtig, maar eromheen wordt het nog mooier: grillige karstrotsen, groene lagunen, azuurblauw water en stranden met fijn zand. Kleine eilanden, grote(re) eilanden en daartussenin – tja, zijn dat nou eilandjes of gewoon rotsen die hier zo uit zee oprijzen?
Bekend en berucht om zijn extravagante feesten met halfnaakte toeristen en technobeats is het kleine Phi Phi. Kijk er gerust eens rond, ook als je geen deel meer uitmaakt van de 'partyscene' en je middelbareschooldiploma al heel wat jaartjes in een la ligt. Phi Phi is namelijk een prachtig eiland en je kunt het feestgedruis net als op ibiza makkelijk uit de weg gaan. Heb je Robinson Crusoe-bloed door je aderen stromen, dan passen de eilanden Ko Yao Yai en Noi goed bij jou. Op beide beginnen nu pas wat toeristen te komen. Maar mondje dicht hè, voor je het weet, worden deze eilanden óók al overspoeld ...

Phuket in cijfers

6,25

rai komen in ons metrieke stelsel overeen met 10.000 vierkante meter.

10

oude helikopters en vliegtuigen vormen in de baai van Bang Tao een kunstmatig rif.

12

tekens uit de Chinese dierenriem worden ook in Thailand gebruikt.

18

uitdagende holes biedt de midgetgolfbaan Dinopark.

29

stenen zuilen aan de Phuket Gateway herdenken de historie van het eiland. De 2 staat voor de heldinnen en zussen Chan en Mook, de 9 voor koning Rama IX.

56

procent van de toeristen overnacht bij Patong Beach.

70

procent van het eiland bestaat uit bergen. Deze strekken zich uit van noord naar zuid.

70

kilometer is de som van de langste en de breedste delen van het eiland – 48,7 resp. 21,3 kilometer.

157

jaar na de geboorte van Christus werd Phuket voor het eerst op een kaart naar Ptolemaeus geografie vermeld.

355

meter lang is de reuzenglijbaan in het Splash Jungle-waterpark.

543

jaar liggen tussen de dood van Boeddha en de geboorte van Jezus Christus. 2019 en 2562 zijn dus hetzelfde jaar in de twee in Thailand gevoerde jaartellingen.

886

kilometer is de rijafstand van Bangkok naar Phuket.

1740

zitplaatsen heeft het imposante showtheater Siam Niramit.

2500

baht kost de beroemde Phuketkreeft per kilo.

84.427

kamers in 1747 hotels en guesthouses zijn er op het eiland.

8.400.000

toeristen kwamen in 2017 per vliegtuig naar Phuket.

45

meter hoog en 25,45 meter breed is de witte Big Buddha.

Eten en drinken

Verse ingrediënten, veel kruiden en specerijen, fijn uitgebalanceerde aroma's – de Thaise keuken is een droom voor iedereen die houdt van lekker eten. Phuket gaat zelfs nog een stapje verder: immigranten uit China en Maleisië hebben extra accenten toegevoegd. En door toestroom van toeristen uit de hele wereld die ook een keertje 'iets van thuis' willen, kun je je hier tegenwoordig makkelijk een rondje om de wereld eten.

Het uithangbord
De heerlijke hokkiennoedelsoep is zo'n beetje de *signature dish* van Phuket. Het recept kwam zo'n tweehonderd jaar geleden met immigranten mee uit China. Gele noedels zwemmen met wontons (gevulde deegenvelopjes), varkensvlees, kip, garnalen, visballetjes en natuurlijk kruiden en specerijen in een soms krachtige, soms wat fijnere bouillon. Elke kok heeft zijn eigen 'geheime' ingrediënt of bereidingswijze en je zult al gauw een eigen favoriet hebben in Phuket Town.

Seafood!
Zeevruchten overal waar je kijkt: of het nu gaat om vis, krab, schelpdieren, reuzengarnalen of de beroemde Phuket lobster – alles wat die dag uit zee is gekomen wordt buiten voor de restaurants gepresenteerd op een bedje van ijs. Zoek wat uit en hup, het gaat de barbecue op.

B BIER

Thaise biertjes zijn niet slecht! Proef maar eens een Beer Chang (met de twee witte olifanten) of een Singha (met de Thaise leeuw). En uiteraard zijn overal groene flesjes Heineken te koop.

Water of melk?
Wat klotst daar in de noot? De in de Thaise keuken zo vaak gebruikte kokosmelk? Nee, je ziet meteen dat het dat niet is: veel te waterig en doorzichtig. Het sap van vooral jonge kokosnoten is echter wel heel lekker. Probeer beslist eens een verse kokosnoot. Maar waar komt dan die kokosmelk vandaan? Deze wordt uit de noot geperst. Hij wordt eerst geopend, dan wordt het vlees geraspt, met water vermengd en uitgeperst. Deze ogenschijnlijk vette melk zou overigens niet bijdragen aan je zwembandjes of zadeltassen. Integendeel, hij wordt beschouwd als een goed smeermiddel voor de spijsvertering.

Aluminium tafels, plastic stoeltjes
De eenvoudiger Thaise eettentjes zijn vaak uiterst karig gemeubileerd – de sfeer is meer die van een garage dan een restaurant. Maar dat hoeft zeker geen slecht teken te zijn. Op de 'kaart' van deze kleine, goedkope tentjes staan vaak maar een paar gerechten, maar lékker dat ze zijn! Een onmiskenbare garantie op kwaliteit is uiteraard de aanwezigheid van veel locals. Engels? Misschien een paar woorden – *pork, chicken, shrimp*. Maar je kunt vast wel duidelijk maken wat je wil bestellen.

Niet bang zijn voor ijs
De ijsblokjes die in je drankje drijven, zijn ongevaarlijk, want gemaakt van gefilterd water. Kraanwater moet je echter niet drinken.

PAD THAI

Gebakken noedels op Thaise wijze: pad thai is zo ongeveer het nationale gerecht. Het wordt verkocht op elke straathoek en Thai zeggen dat je de kwaliteit van een restaurant aan dit gerecht kunt afleiden. De bereiding is een stuk moeilijker dan je zou verwachten onder het mom van 'noedels bakken kan toch iedereen'. Maar probeer het met onderstaand basisrecept en wie weet maak je na een paar keer oefenen de perfecte pad thai.
De exotischere ingrediënten zijn overigens te koop bij toko's en Aziatische supermarkten.

250 g gedroogde rijstnoedels
3 el palmsuiker
4 el vissaus
2 el tamarindesap (pasta kan ook, maar dan met water verdunnen)
3 el zonnebloemolie
2 sjalotten, kleingehakt
1 teentje knoflook, kleingehakt
3 el gedroogde garnalen
1 ei, geklutst
50 g tofoe, gebakken en in dunne schijfjes gesneden
2 el ingelegde daikon-radijs, kleingehakt
1/2 tl gedroogde chilivlokken
2 handjes taugé
1 handje Chinese bieslook, gesneden in ca. 3 cm lange rolletjes
50 g geroosterde pinda's, fijngehakt
partjes limoen

Week de noedels ongeveer 20 minuten en laat uitlekken. Verwarm de palmsuiker, de vissaus en het tamarindesap en meng tot een saus, tot de suiker is opgelost. Olie verhitten, sjalotten, knoflook en garnalen aanbakken. Schuif dit naar een kant van de pan. Giet in de andere het ei, laat het een beetje stollen en roer het dan door de rest. Noedels toevoegen en doorroeren, dan de tofoe en daikon-radijs erbij. Blijven roeren en de voorbereide saus en de chilivlokken toevoegen. Een handje taugé en bijna alle bieslook toevoegen. Wacht nu tot de taugé licht gegaard is. Klaar!
Garneer met de rest van de taugé en bieslook, de pinda's en de limoen.

Het kompas van Phuket

WAAR BEGIN IK?

#1
Een blokje om – **Phuket Town**
EEN STAD ALS EEN MUSEUM

#2
Slenteren en eten – **Naka Weekend Market**
Kopen als avontuur

#3
Op bezoek bij Boeddha – **Wat Chalong en de Big Buddha**
WIT EN WIJS

#15
Manta's en haaien – **Duiken in de Similan-archipel**
Zie je onder water beter?

#14
Een droomstrand – **Ko Racha**
EEN NACHT RUSTIG AAN

#13
Relaxed op pad – **fietstocht op Ko Yao Noi**
Rijstvelden en de zee

#12
Kajaktochten – **door de baai van Phang Nga**
DRUP DRUP DRUP

#4

Slaan, schoppen, sparren – **muay Thai**

#5

Mooie vergezichten – **kleine wandeling in het diepe zuiden**

#6

Ready steady cook! – **kookcursussen**

#7

Seks, drank en rock-'n-roll – **uitgaan in Patong**

#8

De 'geheime' baai **– een dagje op Freedom Beach**

#9

In de voetsporen van Phukets rijkdom – **tin**

#11

Schildpadden en mangroven – **Sirinat Marine National Park**

#10

De wildernis roept – **Jungletocht in de Khao Phra Thaeo**

phuket
et

Phuket Town en het zuiden

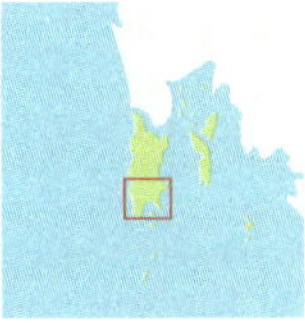

Droomstranden, exotische cultuur, lokale heerlijkheden ... Dat alles en veel meer vind je in het zuiden van het eiland Phuket, zonder grote afstanden te moeten afleggen. Absoluut bezienswaardig is de oude stad van Phuket Town met zijn gerenoveerde oude winkelpanden in Chinees-Portugese stijl en een bonte mix van kunstenaarscafés, trendy ateliers, coole kroegen en kleine, liefdevol ingerichte winkels en restaurants.

Phuket Town

E/F 10/11

In de mooie oude stad is altijd wat te doen. Het lijkt wel alsof alle 70.000 inwoners continu op zoek zijn naar een reden om er boodschappen te doen. De liefdevol gerestaureerde huizen in Chinees-Portugese stijl creëren een bijzondere sfeer. De stad is altijd al kosmopolitisch geweest, een handelscentrum van de tinbaronnen met prachtige herenhuizen en handelspanden. Tegenwoordig vullen artistieke impulsen de commerciële aan: streetart, galeries en muziekcafés geven de oude, eerbiedwaardige stad een jonge, creatieve, voor Thailand unieke sfeer.

BEZIENSWAARDIGHEDEN

Rijke geschiedenis

Het zuiden van Thailand staat – op een paar over het vasteland verdeelde tempels na – niet bepaald bekend om zijn historische gebouwen. Dat ligt er vooral aan dat alles met hout werd gebouwd. Dat materiaal heeft het nogal zwaar in het tropische klimaat. In Phuket Town is echter alles anders. Met tin kwam rijkdom en zodoende werd hier gebouwd met steen en beton. Veel van de panden van toen zijn vandaag de dag nog te bewonderen.

De meeste gebouwen stammen uit het begin van de 20e eeuw, toen de stad na een verwoestende brand werd herbouwd. Bijvoorbeeld de twee verdiepingen tellende handelshuizen in Thamada Road (de voormalige hoofdstraat), de aangrenzende Soi Romannee (destijds de rosse buurt) en de daar weer aan grenzende Dibuk Road. De langgerekte huizen met hun zuilengangen zijn typische voorbeelden van Chinees-Portugese architectuur. Aan de straatkant bevond zich meestal de winkel of werkplaats, achter woonde de familie.

Chiquer ging het eraan toe in de herenhuizen en villa's die zijn gebouwd door de tinbaronnen. In de **Baan Chinpracha** 1 (98 Krabi Rd., ma.-za. 9-16.30 uur, toegang 150 baht) herleven die tijden. De eigenaar, Jaroonrat Tandavanitj, stamt af van de bouwer en gunt bezoekers een blik in de geschiedenis. In het pand werden ook opnames gemaakt voor de Amerikaanse film *Good Morning Vietnam* met Robin Williams. Ook een groot aantal openbare gebouwen uit de hoogtijdagen zijn prachtig. Bijvoorbeeld de voormalige **gouverneursvilla** 2 (96 Krabi Rd.), waarin zich tegenwoordig een chic restaurant bevindt.

Met hulp van de goden

Naast een grote Thai-boeddhistische tempel, de **Wat Mongkol Nimit** 3 in Dibuk Road, bevindt zich verspreid door de oude stad nog een aantal Chinese tempels (ook wel schrijnen). De oudste is de **Put Jaw Shrine** 4 in Ranong Road. Deze is meer dan tweehonderd jaar oud en staat ook bekend als vrouwentempel, want hier wordt de godin van de genade aanbeden. Quan Yin wordt net als Maria aangeroepen door wanhopige zielen die ziek zijn of slechts liefdesverdriet hebben. Ernaast ligt de **Jui Tui Shrine** 5, een van de grootste tempels van het eiland en gewijd aan de god Tean Hu Huan Soy, beschermheilige van kunstenaars en artiesten. Misschien is dat wel de reden dat dit het epicentrum is van het jaarlijks in de negende maanmaand gehouden Vegetarian Festival. Want dat de gelovigen spiesen door hun vlees kunnen steken zonder dat er bloed vloeit, mag toch wel een wonder heten ...

Een bezoekje aan een Chinese tempel is echter ook de moeite waard zonder een wens of pijnpunten. Alleen al de architectuur met de verspringende daken, de zuilen met de vele draken en de uitvoerig versierde altaren is bezienswaardig. In de lucht hangt de geur van wierook, de drukke buitenwereld lijkt ineens heel ver weg.

Ook als het regent: een wandeling door de oude stad is altijd een goed idee.

Hoe het allemaal begon

Met een bijna bescheiden terughoudendheid, iets van de straat gelegen, alsof het met de moderne drukte niets van doen wil hebben, ligt het **Thai Hua Museum** 6. Alleen al het prachtige oude gebouw waarin het is ondergebracht is de moeite waard. De voormalige school in Chinees-Portugese stijl is liefdevol gerestaureerd en de museumstukken (voornamelijk over de Chinese geschiedenis van de stad) worden op aansprekende wijze gepresenteerd: losjes en niet te belerend, al kun je door het bestuderen van de objecten heel wat leren (28 Krabi Rd., tel. 076 21 12 24, 9-17 uur, 200 baht).

In de **Lock Tien Food Court** 1 (hoek Yaowarat/Dibuk Rd., 10-17 uur) zijn bij talloze eetstandjes al meer dan vijftig jaar heerlijke rijst- en noedelgerechten, Thaise loempia's *(por phee)* en gegrilde sateetjes *(satay)* verkrijgbaar. Je kunt er ook terecht voor *oh aew*, een heel bijzondere specialiteit van het eiland: schaafijs met siroop, bonen en een gelei van de zaadjes van een Chinees kruid. Ja, dat klinkt gek, maar proef maar eens: het is een heel nieuwe ijservaring.

ETEN, SHOPPEN, SLAPEN

Overnachten

Hotel of bezienswaardigheid?

The Memory at On On Hotel 1

Dit is niet alleen de *place to be* voor alle fans van Leonardo DiCaprio, maar voor iedereen die op zoek is naar een sfeervol onderkomen in de oude stad. In *The Beach* is het een vervallen puinhoop in Bangkok, maar na de opnames werd het uitvoerig, maar met gevoel voor de historie gerenoveerd. Het verleden soepeltjes naar het heden brengen, dat kunnen de binnenhuisarchitecten van Phuket wel.

19 Phang Nga Rd., tel. 06 36 37 00, www.thememoryhotel.com, € 45-65

Boetiek-chique perfectie

The Rommanee Boutique Guesthouse 2

De vele kleine boetiekhotels in de Soi Rommanee en Thalang Road zijn liefdevol ingericht en hebben alle een heel eigen sfeer. Het is bijna zonde om ze te

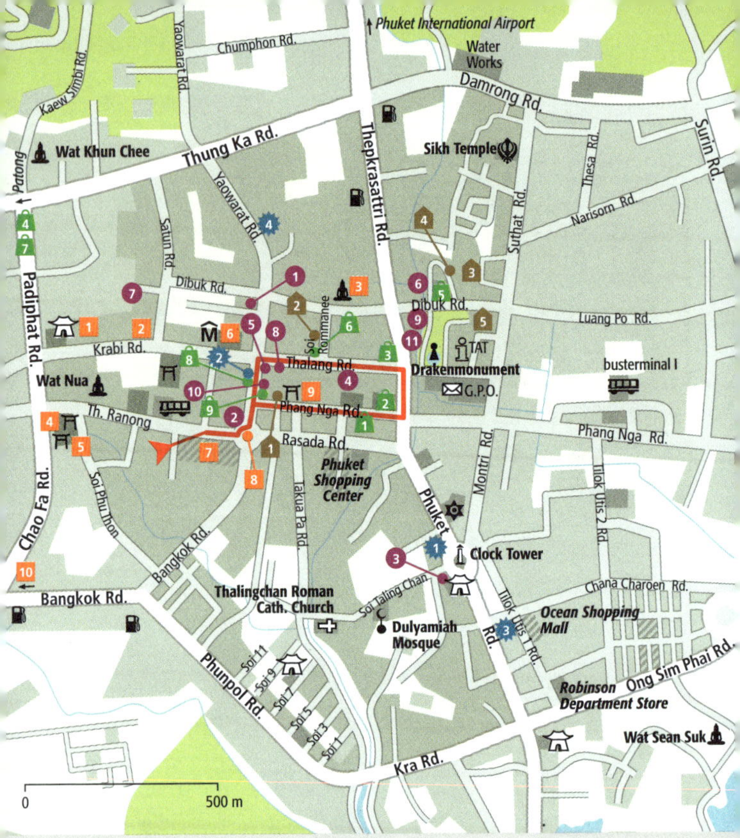

PHUKET TOWN

Bezienswaardig

1 Baan Chinpracha
2 voormalige gouverneursvilla
3 Wat Mongkol Nimit
4 Put Jaw Shrine
5 Jui Tui Shrine
6 Thai Hua Museum
7 Centrale markt
8 Suriyadet-fontein
9 Sang Tham Shrine
10 Naka Market

Overnachten

1 The Memory at On On Hotel
2 The Rommanee Boutique Guesthouse
3 Beehive Phuket Old Town Hostel
4 The Tint
5 Baan Suwantawe

Eten en drinken

1 Lock Tien Food Court
2 Ko Yoon
3 Mee Ton Poe
4 Rotee-restaurants
5 The Old Phuket Coffee
6 The Hatch
7 Blue Elephant
8 China Inn
9 Raya Thai Cuisine
10 Ice Cream Thaivetro
11 B Cat Café

Winkelen

1 Wua Art Gallery
2 Sitao Ceramic Studio
3 Nguan Choon Tong
4 Central Festival
5 Limelight Avenue
6 Walking Street
7 Indy Market
8 Ban Boran
9 South Wind Books

Uitgaan

1 Cue Bar
2 Rockin' Angels
3 Music Matter
4 Timber Hut Bar & Restaurant

verlaten om de stad te verkennen. Dit hotel, een van de mooiste in de buurt, heeft vier prachtige kamers die met veel oog voor detail zijn ingericht. Op de begane grond kun je terecht voor heerlijke koffie en net zo lekker gebak. Ook het ontbijt wordt hier geserveerd.
15 Soi Rommanee, tel. 089 728 98 71, vanaf € 30

Niet ver van de oude stad
Beehive Phuket Old Town Hostel 3
Goed verzorgd, klein hostel op een centrale plek. Backpackers kunnen terecht in de slaapzaal (gemengd of *ladies only)*, stellen en gezinnen in een van de privékamers. Leuk klein zwembadje voor de nodige verfrissing.
2/45 Montri Rd., tel. 061 414 49 44, www.beehivephuketoldtown.com, € 40-50 (2-4-persoonskamer), € 15 (slaapzaal)

Vriendelijk en kleurrijk
The Tint 4
De vriendelijkheid van het personeel hier wedijvert met die van de pasteltinten op de muren: zacht lichtblauw en geel strelen je ogen. In grote kamers met heerlijke bedden voel je je beslist in je element.
2/11 Dibuk Rd., tel. 076 21 70 99, www.thetintphuket.com, vanaf € 28

Simpelweg goed
Baan Suwantawe 5
Ruime kamers met goede bedden en flinke balkons, een zwembad waarin je echte baantjes kunt trekken, een goede ligging in de buurt van de oude stad en een winkelcentrum met een voordelige food court recht tegenover – wat wil je nog meer? Op tijd reserveren!
1/9-10 Dibuk Rd., tel. 076 21 28 79, www.baansuwantawe.com, € 50

Eten en drinken

Authentiek eten? Phuket is een culturele smeltkroes, waarin Thaise, Maleise en Chinese invloeden een heel bijzondere melange hebben voortgebracht. De 'ingrediënten' daarvan kun je nog proeven in de verschillende traditionele keukens. Heel typerend is de *hokkien noodle soup* die door Chinese immigranten werd meegebracht. Proef hem bijvoorbeeld in de kleine soepkeuken **Ko Yoon** 2 (Yaowarat Road, bij de rotonde, 9 tot ca. 15.30 uur). Met zijn planken vol snuisterijen ziet dit tentje eruit als een doodgewone woonkamer en zo authentiek voelt het er ook. Kom vooral niet te laat, want als het dagrantsoen is uitverkocht, gaat de zaak dicht. Net zo goed zijn de gebakken noedels die naar oma's recept worden gemaakt bij **Mee Ton Poe** 3 (9/109 Phuket Rd., tel. 076 21 62 93, 10-18.30 uur). Sinds 1946 sissen hier bij de klokkentoren de woks. De gebakken gele *mee*-noedels met varkenvlees, seafood en groente zijn de specialiteit van het huis.
Zin in een pannenkoek als dessert? De reis gaat verder naar Maleisië. Tussen de **rotirestaurants** 4 in Thalang Road (vlak bij de Soi Rommanee, van 7 uur tot de vroege namiddag) ruikt het heerlijk naar de traditionele rotipannenkoeken. Met zoete melk en vruchten vormen ze heerlijke nagerechten, maar ze zijn er natuurlijk ook als maaltijd (*massaman chicken rotee).* Is weer eens wat anders dan een pannenkoek met appel en kaneel.

Koninklijke keuken
Blue Elephant 7
'Royal Thai Cuisine' in de prachtige voormalige gouverneursvilla – culinair en gevoelsmatig een uitstapje naar een andere wereld. De chef-kok werd op grond van haar kookkunsten opgenomen in de lijst van invloedrijkste vrouwen van het land. Probeer een van de 'forgotten'-gerechten op basis van 'vergeten' recepten waar met veel toewijding nieuw leven in is geblazen.
96 Krvanafi Rd., tel. 076 35 43 55, www.blueelephant.com, 11.30-14 en 18.30-22.30 uur

Café en restaurant
China Inn 8
Gestrest van het verkeer en het lawaai? Trek je dan heerlijk terug in dit mooi gerenoveerde oude handelshuis. Vooral

1

Een blokje om – **Phuket Town**

Phuket Town is een heel bijzondere plek, altijd levendig door een mix van creatieve geesten. Kunstenaarscafés, trendy ateliers, coole kroegen en kleine, met veel liefde ingerichte winkels en restaurants nodigen uit tot flaneren en te blijven hangen. Tijdens deze korte wandeling ontdek je van alles en leer je de wijk goed kennen.

De drukte in

Begin bij de grote **centrale markt** 7 op Ranong Road, waar ook de blauwe bussen vertrekken die van de stad naar de stranden rijden. Loop naar het oosten – heb je geen kompas bij de hand: tegen het verkeer van de eenrichtingsstraat in – tot je na 100 m op een rotonde uitkomt. In het midden ervan staat de **Suriyadet-fontein** 8. Met zulke waterkanonnen werden ooit rotsen opgeblazen om tin te winnen. Buig hier af richting het noorden, linksaf dus, Yaowarat Road in.

Straat met veel indrukken

De Chinese invloeden zijn in Phuket Town voelbaar op elke straathoek.

Sla een paar passen verderop rechtsaf naar **Phang Nga Road** met al zijn galeries, winkels en restaurants. Meteen aan het begin ervan bevindt zich de ingang van de kleurrijke **Sang Tham Shrine** 9 ('tempel van het serene licht'), die in 1891 werd gebouwd door Hokkien-Chinezen. Meteen ernaast ligt het historische **On On Hotel** (► blz. 17), naar verluidt de eerste accommodatie van de stad. Voor de renovatie van 2012 schreef Leonardo DiCaprio hier filmgeschiedenis (*The Beach*). De rest van de straat is bezaaid met galeries met een grote omloopsnelheid van kunstenaars en tentoonstellingen.

Check in elk geval even de **Wua Art Gallery** 1 van Mr. Zen. De internationaal gerenommeerde kunstenaar is vaak zelf aanwezig en wil altijd wel een praatje maken. In de **Sitao Ceramic Studio** 2 in het felgele huis er schuin tegenover kun je zelf een breekbaar souvenir in elkaar knutselen.

Kruiden en remedies voor alles wat je maar kunt mankeren zijn te vinden bij apotheek Nguan Choon Tong.

De historie voelen

Ga op het volgende kruispunt (met Phuket Road) links en meteen weer links. **Thalang Road** was 150 jaar geleden de hoofdstraat en is ook nu nog een grote attractie. Je bent er omgeven door oude huizen van twee verdiepingen die het Chinees-Portugese karakter van de stad zo karakteriseren. De straat ademt tot op de dag van vandaag een historische sfeer en ruikt heel anders dan de rest van de stad – onder meer door de heerlijk geuren die ontsnappen aan de Chinese kruidenapotheek **Nguan Choon Tong** 3 ('oldest herbs shop'). Rust vind je tussen de antiekwinkels in het stijlvolle **China Inn Café** (► blz. 19) of helemaal aan het eind van de straat in het met oude radio's en snuisterijen gedecoreerde **The Old Phuket Coffee** 5.

INFO EN OPENINGSTIJDEN

Wua Art Gallery 1: 42 Phang Nga Road, tel. 076 25 82 08, www.wua-artgallery.com, dagelijks geopend.
Sitao Ceramic Studio 2: 119 Phang Nga Road, tel. 083 638 59 96, do.-di. 10-20 uur.
Nguan Choon Tong 3: 16 Thalang Road, ma.-za. 8-20 uur.
The Old Phuket Coffee 5: 72/1 Yaowarat Rd., 9-19 uur.

ETEN EN DRINKEN

Ten noorden van de draak achter het park bevindt zich winkelcentrum **Limelight Avenue** (► blz. 23). In het kleine foodcourt op de begane grond eet je lekker Thais voor weinig geld. Prima koffie, snacks en snel internet vind je in het ertegenover gelegen **The Hatch** 6, een moderne 'Co-Working Space' (ma.-za. 9-20 uur).

Uitneembare kaart: E 10 | **Plattegrond:** ► blz. 18

Zondagavond is het koopjestijd op de 'Walking Street'.

op de binnenplaats zit je heerlijk, omgeven door een mooie tuin. In weerwil van de naam eet je hier overigens Thais. Voor iets meer dan in de omliggende tentjes, maar je zit hier tussen antiek en kunstwerken. Zie je iets dat je bevalt? Zo'n beetje alles is hier te koop.
20 Thalang Rd., tel. 081 979 82 58, di.-zo. 10.30-18.30 uur

Authentiek met stijl
Raya Thai Cuisine 9
In deze villa met twee verdiepingen uit het begin van de 20e eeuw heerst nog de sfeer uit de tijd van de tinbaronnen. Authentiek, maar zonder overdreven opsmuk. De fijne selectie Thaise gerechten heeft het restaurant enige status gebracht; vooral de *crab curry* is geweldig. En het is allemaal nog behoorlijk betaalbaar ook..
48/1 Dibuk Rd., tel. 076 21 81 55, 10.30-22 uur

Fantasievolle ijscreaties
Ice Cream Thaivetro 10
Alles is hier zo lekker kleurrijk! De keuze is enorm en sommige soorten zijn op z'n minst bizar te noemen. Bekijk dus eerst maar eens op je gemakje de kaart. Kun je geen keuze maken? Ach, probeer eens de smaak Black Beer of het stralend blauwe wodka-ijs. Alcoholvrij kan natuurlijk ook: wat dacht je van een pittig bolletje wasabi- of tom yum-ijs? Die laatste smaakt echt naar de gelijknamige Thaise soep. Voor minder avontuurlijk ingestelde ijsliefhebbers zijn er de klassiekers als chocolade en vanille – en ook die zijn heerlijk.
Yaowarad Rd./Hoek Thalang Rd., tel. 081 849 15 88, 10-20 uur

Koffie met een kater
B Cat Café 11
Mis je Minous of Tijger? In deze koffiezaak kun je zo veel katten aaien als je maar wilt. Ze lopen en liggen door het hele café en de meeste zijn allesbehalve verlegen. Koffie, gebak en spinnende poezen, wat wil een mens nog meer? Ook Thaise gerechten, bier en smoothies.
33-34 Thepkrasattri Rd., tel. 084 849 06 21, di.-vr. 11-20.30, za., zo. 11-22 uur

Winkelen

Megamall
Central Phuket 4

In het op een na grootste winkelcentrum van het eiland (na Jungceylon in Patong, ▶ blz. 53) kun je werkelijk álles vinden: kleding, levensmiddelen, elektronica ... Er zijn meer dan honderd winkels op vier verdiepingen, in een ervan slaag je vast. Moe en hongerig van het shoppen: er zijn genoeg restaurants om even bij te komen. Neem vooral ook een kijkje bij de outlet van Jim Thompson in de kelder. De zaak is vernoemd naar de wereldberoemde zakenman die de zijdehandel in Thailand nieuw leven inblies en in 1967 onder mysterieuze omstandigheden verdween in de jungle van Maleisië. Behalve prachtige zijde vind je hier ook veel linnen producten.

74-75 Moo 5 Wichitsongkran Rd. (iets buiten de stad; een korte rit met de taxi, maar ook de blauwe eilandbussen stoppen er), tel. 076 29 11 11, www.centralphuket.com, 10.30-22 uur

Lekker overzichtelijk
Limelight Avenue 5

Dit kleinere winkelcentrum ligt niet ver van de oude stad en is binnen een paar minuten te bereiken. Het is overzichtelijker en minder vermoeiend dan Central. Door de goede airco is het een in de warme middaguren populair 'toevluchtsoord'.

2/6 Soi Dibuk, tel. 076 68 29 00, www.limelightphuket.com, 10-22 uur

Alleen op zondag
Walking Street 6

Op de late zondagmiddag wordt Thalang Road getransformeerd tot een marktstraat met talloze kleine winkels en kraampjes. Proef er een paar exotische specialiteiten zoals een Thaise salade of het vlees van de *horseshoe crab*, al smaakt dat net zo bizar als het dier eruitziet. Ga op zoek naar leuke souvenirs of ga gewoon bij een café aan de rand van de markt zitten en laat je entertainen door de bedrijvigheid.

Thalang Rd., zo. 16-22 uur

Thaise vlooienmarkt
Indy Market 7

De tegenhanger van onze vlooienmarkt heet in het Thais *laadploykong* ('markt om dingen kwijt te raken'). Vooral jonge mensen (ver)kopen hier allerlei 'rommel', van zelfgemaakte 'kunst' tot afgedankte huisraad. En natuurlijk kun je er allerlei heerlijke snacks kopen. De markt is alleen al leuk vanwege zijn ontspannen sfeertje.

Bij het Limelight Shopping Center, Dibuk Road, do., vr. 16-22 uur

Zijde en zilver uit het noorden
Ban Boran 8

In dit tot ver over de stadsgrenzen bekende winkeltje vind je streng geselecteerde zijden stoffen, kleding, wandkleden, tassen en meer. Fascinerend en verder op het eiland nauwelijks te krijgen zijn de handgemaakte juwelen van de Noord-Thaise Karen-stam. Goedkoop is het hier niet, maar je krijgt wel bijzondere waar voor je geld.

51 Yaowarat Rd., tel. 076 25 82 49, ma.-za. 10.30-18.30 uur

Alien uit zee: de degenkrab.

#2

Slenteren en eten – **Naka Weekend Market**

Er wordt gepingeld, gebakken en gekletst. Een bezoekje aan de markt is een must voor iedereen – je ziet er net zo veel Thai als toeristen. Terwijl de locals handelen en de laatste roddels uitwisselen, zoeken de buitenlanders naar nieuwe kleding of het lekkerste eten.

De **Naka Weekend Market** 10 is de grootste, drukste en populairste markt in de regio. Dichter bij de Thaise way of life kun je nauwelijks komen. Al moet gezegd worden dat het beeld soms wel erg wordt bepaald door toeristen – ook uit andere Thaise streken. Meteen bij het openen van de poorten om 16 uur is het een drukte van belang en de mensenmassa zwelt steeds meer aan.

Paradijsvogels

Laat je niet afleiden door het grote aanbod 'toeristenmeuk', maar onderzoek vooral de verborgen hoekjes. Vreemd uitgedoste mensen wachten in hun kleine winkeltjes op klandizie. Sommige zitten van top tot teen onder de tatoeages, andere dragen zelfgemaakte lederen cowboykleren. Hun zaakjes zijn niet minder bijzonder, bijvoorbeeld de kraampjes met amuletten. Sommige voorwerpen doen wat vreemd aan – zou jij

Zin in een borrel? De lichtgevende Volkswagenbus voor de markthallen is zowel blikvanger als cocktailbar.

een penis om je buik hangen? Maar veel andere vormen mooie, originele souvenirs. De handlezeres ziet er mysterieus uit. Zou ze weten wat de toekomst jou brengt? Misschien wel, maar ze spreekt helaas (nog) geen Engels.

Kleren maken de mens

De kledingafdeling biedt veel keus. T-shirts in alle kleuren en maten met al dan niet grappige teksten. Maar er is ook mode te koop van Thaise ontwerpers – vaak met veel goudstiksels. De prijzen lijken op het eerste gezicht laag, maar blijken toch wat hoger te liggen. Goed onderhandelen is dan ook het devies. Betaal in elk geval niet meteen het bedrag dat de verkoper noemt: er is altijd nog ruimte om af te dingen. Dus eerst verontwaardigd kijken en even glimlachen – met vriendelijkheid kom je een heel end. En dan ongeveer de helft bieden. Uiteindelijk kom je zo'n beetje halverwege uit.

Typisch Thais: worstjes, visballetjes of andere snacks op een spiesje zijn populaire tussendoortjes – of het nu ochtend, middag of avond is.

Eten, eten en nog meer eten

Het hart van de markt wordt gevormd door de eettentjes. Het stoomt, het spettert, het sist. Overal wordt gekookt, gebakken, ingepakt, verkocht, gegeten en geschraapt. Kleine standjes bieden allerlei bekende en minder bekende gerechtjes om mee te nemen of ter plekke te verorberen. Ga voor de grotere trek naar de gaarkeukenachtige kramen met zitruimte en een menukaart (soms in het Engels, maar meestal met plaatjes). Kies je vis of schaaldier zelf uit en laat alles voor je ogen bereiden.

OPENINGSTIJDEN

Naka Market: za., zo. 16-22.30 uur.

ETEN EN DRINKEN

De kans dat je de **Naka Weekend Market** 10 hongerig verlaat, is zeer klein. Mocht je tussen al die snacks en maaltijden niets vinden, dan kun je altijd nog je maag vullen bij **Central Phuket** (4, ▸ blz. 23).

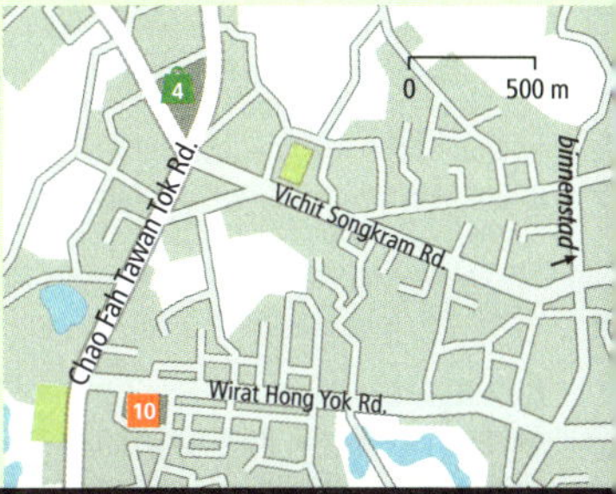

Uitneembare kaart: E 10 | **Plattegrond:** ▸ blz. 18

Leesvoer

South Wind Books 9

Alles wat je mee had al uitgelezen? Hier kun je bijtanken. Met het grootste assortiment tweedehands boeken van het eiland is er vast wel iets voor je bij. Veel Engelstalig, hier en daar wat in het Nederlands, altijd goedkoop.

3 Phang Nga Rd., tel. 089 724 21 36, 9-20.30 uur

Uitgaan

Bar met biljart

Cue Bar 1

Moderne, stijlvolle bar met twee pooltafels waarop het er regelmatig fanatiek aan toegaat (di. vanaf 20 uur) en grote beeldschermen voor belangrijke voetbalwedstrijden. Dj' draaien vaak plaatjes, soms speelt een bandje.

206/1-2, Phuket Rd., tel. 081 403 38 70, 16-24 uur

Mekka voor muziekliefhebbers

Rockin' Angels 2

Als eigenaar Patrick 'Rockin' Pat' Chua en zijn band los gaan, zit je al gauw mee te swingen. Zeker als je een bluesfan bent. Speel je zelf? Pluk dan een van de gitaren van de muur en jam lekker mee. Tussen 21 uur en middernacht gaat het dak er vaak helemaal af.

55 Yaowarat Rd., tel. 089 654 96 54, di.-zo. 19-1 uur

Topjazz

Music Matter 3

Alle mogelijke jazzsoorten komen hier aan bod. Cool design, relaxte sfeer, lekkere cocktails. Elke woensdag is er een jamsessie, in het weekend meestal muzikale thema-avonden. Of de tent ook op andere dagen geopend is, ligt eraan of er een gastmusicus op het eiland is. Bel even om het te vragen.

119 Chanajaroen Rd., tel. 089 588 23 47, 19.30 uur tot laat

Gezellige klassieker

Timber Hut Bar & Restaurant 4

Sinds 1990 ontmoeten de locals elkaar hier onder het genot van livemuziek en whisky. Het is smal, donker en lawaaiig – je zit dus midden in het Thaise leven. De band speelt vanaf circa 22.30 uur, tussendoor draait de dj wat plaatjes. En nee, het is niet verplicht whisky te drinken. Ook bier en de gebruikelijke cocktails staan op de kaart – net als Thaise gerechten.

118/1 Yaowarat Rd., tel. 076 21 18 39, 18-2 uur

INFO EN EVENEMENTEN

Tourism Authority of Thailand (TAT): 191 Thalang Rd., tel. 076 21 10 36, www.tourismthailand.org/phuket, 8.30-16.30 uur. Informatiemateriaal en vooral behulpzame medewerkers die bijna alle vragen over Phuket kunnen beantwoorden. In een mooi oud pand in de buurt van de oude stad.

De blauwe, open **eilandbussen** rijden van 's ochtends tot laat in de middag om de circa 30 min. van de centrale markt naar de stranden in het zuiden en aan de westkust (ca. 30-40 baht). Ga gewoon zitten en wacht tot de bus gaat rijden, de ritprijs wordt onderweg ingezameld. Probeer wat kleingeld op zak te hebben om gepast te kunnen betalen.

Op 30 april vindt in Phuket Town de **International Jazz Day** plaats in het kader van een wereldwijde serie van UNESCO. Topconcerten, gratis entree.

IN DE OMGEVING

Showtime!

Het kleurrijke spektakel **Siam Niramit** (E 9) brengt met meer dan honderd performers Thailands geschiedenis en cultuur op indrukwekkende wijze voor het voetlicht. De show (wo.-ma. 20.30 uur) vindt plaats op een paar kilometer ten noorden van Phuket Town. Kom ruim op tijd (vanaf 18 uur) en kijk rond op het grote terrein. Er staan traditionele huizen en er zijn interessante kleine voorstellingen te zien. Siam Niramit is ook te bezoeken middels een van de tours die worden aangeboden op veel stranden.

55/81 Moo 5, Chalermprakiet Rd., www.siamniramitphuket.com

Omgekeerde wereld

Baan Teelanka (🗺 E 9, een kleine 2 km ten noorden van Siam Niramit) staat volledig op z'n kop. Je komt binnen door het dak en komt dan via een trap op de tweede verdieping, waar je over het plafond loopt. Verken gerust ook de begane grond – geen angst, de meubels zullen niet op je hoofd vallen. Of toch wel? Hoe dan ook kun je hier een paar leuke foto's maken. Doordeweeks is het hier een stuk minder druk dan in het weekend.

350 baht, kinderen 190 baht, dag. 10-18 uur

Vissen kijken

Het eiland Phuket is omgeven door een fascinerende onderwaterwereld, maar op duikers na komen toeristen er alleen in aanraking mee als er een mals stukje lokaal gevangen vis op hun bord ligt. Dat is jammer, en makkelijk te veranderen middels een bezoek aan het **aquarium** (🗺 F 13) op Kap Panwa, zo'n 10 km ten zuiden van Phuket Town. Ontelbaar veel bontgekleurde vissen, koraal, schildpadden en andere exotische zeebewoners geven je een indruk van wat zich onder het wateroppervlak allemaal afspeelt. Het aquarium maakt deel uit van het Phuket Marine Biological Center dat zich bezighoudt met wetenschappelijk onderzoek en educatie. Een must-see als je met kinderen op pad bent.

dag. 8.30-16 uur, 100 baht, kinderen halve prijs

In de oude hoofdstad Thalang

Thalang (🗺 C 6), waarvan het centrum zich zo'n 20 km ten noorden van Phuket Town bevindt, de hoofdstad van het eiland. Het gelijknamige district omvat het hele noorden ervan. Hier ligt de oudste boeddhistische tempel, **Wat Phra Tong** (202 Nanai Rd.). Zijn grote gouden Boeddha is half begraven – een zeldzaamheid. Iedereen die hem door de eeuwen heen wilde opgraven, zo wil de overlevering, werd getroffen door het noodlot. Dus niemand probeert het meer. Daarnaast is het **Thalang National Museum** interessant (229 Soi Lak Mueang, tel. 76 31 33 97 dag. 9-16 uur, 30 baht, werd/wordt langdurig gerenoveerd, dus bel voor je gaat even om te vragen of het open is).

De wereld staat op z'n kop in Baan Teelanka.

Chalong 🗺 C/D 11/12

Ten zuiden van Phuket Town bevindt zich de baai van Chalong – een niet erg uitnodigend strand waar veel schepen aanmeren. Als je een boottocht onderneemt, is de kans groot dat je hier aan boord gaat. In het achterland troont echter de Big Buddha en de grote tempel van Chalong is het doel van talloze pelgrims.

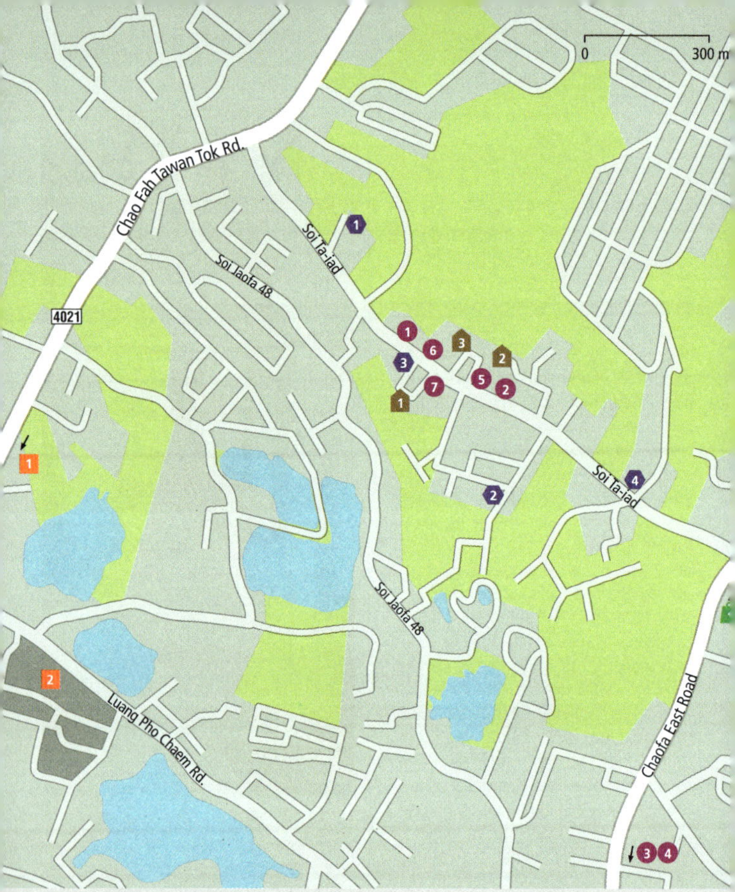

CHALONG

Bezienswaardig
1 Big Buddha
2 Wat Chalong

Overnachten
1 Cocoville Phuket
2 Pennapa Chalet
3 The Blue Hotel

Eten en drinken
1 Pure Vegan Heaven
2 Greze
3 Fatty's
4 Kan Eang@Pier
5 Muscle Bar
6 Acai Café
7 Nommy Frozen Yogurt

Winkelen
1 Chai Batik Phuket

Sport en activiteiten
1 Tiger Muay Thai
2 Chokchai Muay Thai
3 Dragon Muay Thai
4 Phuket Top Team

Aanhangers van een heel ander geloof hebben zich de laatste jaren gevestigd in de goedkope accommodaties in de sois (stegen) langs de hoofdwegen: sporters (m/v) uit de hele wereld, die trainen in een van de vele thaiboksscholen. Er komen steeds meer sportcentra en vegetarische restaurants bij om tegemoet te komen aan de behoeften van de toerist die hier komt voor de combinatie van een gezond lichaam en een gezonde geest.

ETEN, SHOPPEN, SLAPEN

Overnachten

Sportief-chic
Cocoville Phuket 1
Midden in het (sport)gebeuren liggen deze 44 mooie bungalows in chique boetiekstijl. Ze zijn verdeeld in een goed verzorgde tuin, het zwembad is de perfecte plek om even af te koelen na een work-out. Goed restaurant.
10/23-30 Moo 5, Soi Ta-iad, tel. 076 52 19 86, www.cocovillephuket.com, € 50-80

Goedkoop en rustig gelegen
Pennapa Chalet 2
Hoewel je niet ver weg bent van alle sportfaciliteiten en de bijbehorende drukte, is het hier heerlijk rustig: de ligging in een zijstraatje is ideaal. De kamers zijn erg eenvoudig gemeubileerd, maar wel schoon, de tuin en het zwembad zijn klein, maar fijn. De prijs-kwaliteitverhouding is hier dan ook erg goed.
22/33 Moo 4, Soi Ta-iad, tel. 084 195 55 09, € 22-45

Zwembad met uitzicht
The Blue Hotel 3
Modern, goed gerund hotel met comfortabel ingerichte kamers met balkon. De goedkopere hebben een 'slechter' uitzicht naar de achterkant, maar dat maakt niets uit, want van het zwembad op het dak kun je uitkijken over de hele omgeving.
99 Moo 4, Soi Ta-iad, tel. 076 54 08 36, www.thebluephuket.com, € 40-100

Caribische immigrant: pauwenbloem

Eten en drinken

Beestachtig lekker – zonder dieren
Pure Vegan Heaven 1
Dat je ook volledig zonder dierlijke producten fantastische gerechten kunt bereiden, wordt elke dag weer bewezen in dit walhalla voor de veganist. Probeer in elk geval de falafelwrap of de Mexican Bowl!
9/127 Moo 5, Soi Ta-iad, tel. 093 920 34 91, 8-20.30 uur

Fit en gezond
Greze 2
De specialiteit van het huis is Griekse yoghurt, maar op de kaart staan ook vleesloze proteïneburgers, salades en nog veel meer. Aanrader voor het ontbijt is de Life Changing Set met yoghurt, kokos, ei en een proteïnereep. Het moge duidelijk zijn dat hier veel sporters uit de omliggende trainingsfaciliteiten komen.
7/20 Moo 5, Soi Ta-iad, tel. 086 476 15 98, ma.-za. 8.30-20 uur

3

Op bezoek bij Boeddha – **Wat Chalong en de Big Buddha**

Hij hoort bij Thailand als de dorpskerk bij ons: de boeddhistische wat (tempel), sneeuwwit en met goud versierd, met een gebogen rood dak. Van de 29 wats die er op Phuket zijn, heeft er één een bijzondere status bij de gelovigen: de Wat Chaiyathararam, die in de volksmond Wat Chalong wordt genoemd.

Vergeleken met de serene stilte die in onze kerken heerst, gaat het er in de **Wat Chalong** 1 aan toe als op een kermis. Je hebt het terrein nauwelijks door de gebogen driedelige poort betreden en de parkeerplaats overgestoken, of de eerste knallen komen je tegemoet. Het zijn rotjes, die worden afgestoken door dankbare gelovigen wier eerder hier uitgesproken wens is uitgekomen.

De standbeelden van de voormalige abten in Wat Chalong worden vereerd.

Wonderbaarlijke monniken

Zo'n honderdvijftig jaar geleden leefden in deze tempel twee monniken – Luang Pho Chuang en Luang Pho Chaem – die tot in de verste verte bekendstonden om hun medische kennis. In 1876, tijdens de opstand van de Chinese tinarbeiders, redden ze met hun magische vaardigheden (volgens sommigen) en/of natuurlijke geneesmethoden (zeggen anderen) talloze gewonden aan beide kanten. Bovendien versloegen ze plunderende bendes met behulp van magische hoofdbanden (wordt gezegd).

Levensgrote beelden van de twee weldoeners bevinden zich in een bijgebouw van de hoofdtempel, versierd met ontelbaar veel gouden blaadjes, die door gelovigen werden aangebracht. Hier worden wensen gefluisterd en om spirituele hulp gevraagd – aan de knallen te horen worden de gebeden verhoord.

Boeddha's leer begint met de erkenning 'het bestaan is pijnlijk'. Zijn bevindingen zijn bedoeld als uitweg uit dit lijden. Dit vereist een goede manier van leven en innerlijk inzicht (meditatie).

Een splinter van de verlichte

Op het achterste deel van het terrein staat een hoge *chedi*, een gebouw van twee verdiepingen met een 60 m hoge toren. Ga hier naar binnen. De botsplinter van Boeddha hemzelve, die hier als een relikwie wordt getoond in een kostbare glazen stolp, is nauwelijks als zodanig te herkennen, maar het uitzicht over het terrein is mooi. In de verte zie je ook de reusachtige witte Boeddha, die op een heuvel een paar kilometer hiervandaan torent.

De grote Boeddha

Met een bezoekje aan de van ver zichtbare **Big Buddha** 2 (die eigenlijk Phra Phuttha Mingmongkhon Akenakkhiri Boeddha heet) is je tripje naar de Thai-boeddhistische wereld compleet. Als de bouw van een Boeddhabeeld de gelovigen groot geluk brengt, hebben de bouwers van dit 45 m hoge, mediterende exemplaar alle geluk van de wereld gehad.

De bouw van het beeld begon in 2004. Een betonnen kern werd bekleed met glanzend wit marmer uit Myanmar. Sinds hij in 2009 gereedkwam, is het een prachtige blikvanger. Op het terrein staan talloze kleinere beelden en er

Altijd een goed idee: jezelf even helemaal 'uitschakelen'.

wordt nog steeds gebouwd – een gift voor de werkzaamheden wordt op prijs gesteld. In de ronde sokkel waarop de Boeddha zit, vinden regelmatig boeddhistische bijeenkomsten en lezingen plaats.

INFO EN OPENINGSTIJDEN

Beide plaatsen zijn 7-19 uur geopend, de toegang is gratis. Wil je de prachtige zonsondergang boven de baai bewonderen vanaf de Big Buddha, dan moet je er iets na 18 uur zijn.
Denk aan de volgende **kledingvoorschriften:** knieën en schouders moeten bedekt zijn, strandkleding is uit den boze – slippers uiteraard niet. In de tempels zelf loop je op blote voeten.

ETEN EN DRINKEN

Op de toegangswegen bevindt zich een aantal kleine restaurants.

Uitneembare kaart: C 11/12 | **Plattegrond:** ► blz. 28

Vettige tegenhanger
Fatty's 3
De ultieme tegenhanger om eens lekker te zondigen tegen het gezondheidsregime. Boerenontbijt, hamburgers, schnitzels en andere westerse gerechten zorgen hier voor volle magen. Inborst en een groot deel van de klandizie zijn Duits – de plek dus voor een *Weizenbier*.
12/15 Chaofa East Rd., tel. 081 849 18 04, wo.-ma. 12-15, 18-22 uur

Eten en kijken
Kan Eang@Pier 4
Topkwaliteit seafood, creatieve variaties op lokale delicatessen en westerse en Japanse gerechten. En dat alles op een leuke locatie direct aan de pier. Niet voor niets is dit restaurant al jarenlang een van de bekendste en populairste van Phuket.
Moo 5, 44/1 Viset Rd., tel. 076 38 12 12, www.kaneang-pier.com 10.30-23 uur

Winkelen

Voor hippies en koningen
Chai Batik Phuket 1
Gebatikte kleren alleen voor hippies? Batik-kunstenaar Chai Changsonsang weet wel beter. Hij ontwierp niet alleen kleding voor het Thaise koningshuis, maar ook voor het Nederlandse. En hij kan heel wat meer dan de gebruikelijke onderwatertaferelen en de clichématige palmen aan een strand. Zijn grote wandkleden zijn zeer gewild: de met veel detail gemaakte kunstwerken leveren soms wel bedragen met vijf nullen op – en dan hebben we het niet over Thaise baht! Maar je hoeft niet per se diep in de buidel te graven om een echte Changsonsang te kunnen bezitten. Je koopt al een overhemd, T-shirt of mooie doek voor een relatief schijntje.
16/3 Chaofa East Rd., tel. 076 37 57 54, 8.30-19.30 uur

'Cheese ...' – maar liever niet voeren, want dan wordt-ie brutaal.

4

Slaan, schoppen, sparren – **muay Thai**

Niet iedereen houdt ervan dagenlang op het strand te liggen. Sommige mensen willen zichzelf na een paar dagen relaxen weer eens in het zweet werken door flink te sporten. Ben jij zo iemand? Doe tijdens je vakantie op Phuket dan eens mee aan een muay Thai-training – Phuket is het mekka voor vechtsportleerlingen uit de hele wereld.

Een straat in Phuket is wereldberoemd bij reizende sportliefhebbers: de **Soi Taiad** in Chalong. Op de ongeveer 1,5 km lange straat, die in de volksmond ook wel Fighting Street wordt genoemd, stikt het van de trainingscentra, sportscholen, restaurants met gezonde kost en yogastudio's. De mensen die hier overnachten en trainen zien er een stuk strakker uit dan de gemiddelde toerist. Overigens zijn hier ook tal van 'apotheken' met poedertjes en drankjes die ervoor zouden zorgen dat je helemaal niet hoeft te trainen om er fit uit te zien, maar dat is weer een ander verhaal.

Leren boksen betekent cardio, touwtjespringen, sit-ups en push-ups. Tegen de bokszak slaan en trappen en sparren met medeleerlingen – je zult er zeker een blauwe plek of twee aan overhouden. Wat je leert is anticiperen, jezelf verdedigen en reageren op de bewegingen van je tegenstander.

V
VISUM

Als je alleen naar Thailand komt om te leren thaiboksen en daarvoor langer wilt blijven, kun je een Non Immigrant Visum aanvragen. Dit is een jaar geldig. Muay Thai valt als nationale sport onder 'Education'. Voor de aanvraag heb je een inschrijfbevestiging van een *camp* nodig.

De ring in

Alles begon aan het begin van de eeuw met het **Tiger Muay Thai Camp** 1. Wat vroeger een eenvoudige boksring was, is uitgegroeid tot een enorm, wereldberoemd trainingsinstituut. Driehonderd mensen trainen hier dagelijks, in een gemiddelde week lopen er honderdvijftig cursussen. Als je graag traint in grote groepen (waarbij je je nog eens kunt verstoppen achter een medecursist), is dit *camp* echt iets voor jou. Bijkomend voordeel is dat je snel aansluiting vindt bij gelijkgestemden. Behalve voor boksen kun je hier ook terecht voor yoga, crossfit en afslankprogramma's.

Een thaibokstraining is niet alleen goed voor je power en zelfvertrouwen, het is ook nog eens een ideale work-out.

Wat minder hightech en een stuk authentieker is een training bij **Chokchai Muay Thai** ❷. Deze sportschool is opgericht door een voormalig professionele thaibokser. Je kunt hier ook de nog traditioneler variant *muay boran* leren. Een goede tip voor wat minder fanatieke nieuwsgierigen is het informele **Dragon Muay Thai Camp** ❸. De groepen zijn hier klein, waardoor je meer persoonlijke aandacht krijgt. Ben je in topvorm en wil je laten zien wat je in je mars hebt? Dan kun je beter boksen bij **Phuket Top Team** ❹. Dat de bijnaam van deze school *house of pain* is, zegt genoeg.

INFO EN OPENINGSTIJDEN

Vervoer: de **Soi Taiad** verbindt Chao Fa East Road met Chao Fa West Road. Je kunt hier het beste heen met een taxi. De chauffeurs kennen de straat als Soi Tiger Muay Thai.
Tiger Muay Thai ❶: 7/35 Moo 5, www.tigermuaythai.com.
Chokchai Muay Thai ❷: 20/26 Moo 5, www.chokchaimuaythai.com.
Dragon Muay Thai ❸: 10/3 Moo 5, www.phuketdragonmuaythai.com.
Phuket Top Team ❹: 45/31 Moo 1, www.phukettopteam.com.
Je kunt **het hele jaar** door trainen. De meeste mensen blijven twee tot vier weken en trainen drie keer per dag. Het is ook mogelijk een proeftraining te doen of een dag mee te lopen.

ETEN EN DRINKEN

De **Muscle Bar** ❹ (9/49 Moo 5, ma.-za. 7-19 uur) biedt speciaal voor de groeiende sportspieren geschikte maaltijden. Heb je liever superfood? Bezoek dan het **Acai Café** ❺ (10/124 Soi Tad-ied, 8.30-21 uur). Volledig glutenvrij is **Nommy Frozen Yogurt** ❻ (10/90 Soi Ta-iad, 11-23 uur). Hier vind je lekkernijen in allerlei variaties – ook met extra calorieën als je er té veel hebt verbrand.

Uitneembare kaart: D 11/12 | **Plattegrond:** ▸ blz. 28

Rawai C 13

Hier wordt de toerist nu eens niet naar zee getrokken door het mooie strand. Dat is voor Phuketse begrippen maar middelmatig: smal, met ondiep water dat niet echt geschikt is om in te zwemmen, alleen al door de vele schepen die de baai aandoen. Dit zijn echter meestal vissersbootjes, en dat brengt ons bij wat een bezoek aan deze plek tóch heel erg de moeite waard maakt: Rawai is het seafoodparadijs van Phuket.

Het dorpje Rawai bleef lange tijd verschoond van grote groepen toeristen. Er kwamen vooral overwinteraars, die in de wintermaanden woonden in huisjes in het achterland. De lage (lees: niet-toeristische) prijzen trokken een hele rits lokale kunstenaars, die zich in 2006 verenigden in het hippieachtige **Rawai Art Village** (dit ligt ietwat verborgen in de Soi Naya 2; een bezoekje is erg de moeite waard). Maar sinds de uitbreiding van de kustweg is dit 'de goede oude tijd' ... In de weekends heb je het gevoel dat het halve eiland hier te gast is. Ze komen voor de vele seafoodrestaurants aan de boulevard.

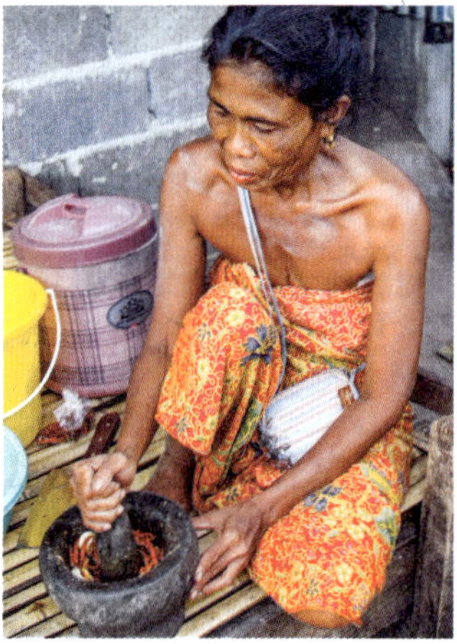

Kruiden worden van oudsher fijngestampt en gemengd in een vijzel.

Op bezoek bij de zeenomaden

Wie vooral veel last hebben van de vele veranderingen zijn de zeenomaden die al generatieslang aan dit strand leven. Ze horen bij de Urak Lawoi, een van de stammen die een nomadisch of halfnomadisch bestaan leiden in de Andamanse Zee (de afzonderlijke stammen worden vaak gegroepeerd onder de naam *chao le*, zeemensen). Ze leven al sinds lange tijd aan de rand van de Thaise samenleving en wonen in krottenwijkachtige omstandigheden in eenvoudige hutjes zonder stroom of water ten oosten van de pier. En nu proberen investeerders het steeds waardevoller wordende land van ze af te pakken – waarvoor ze natuurlijk geen eigendomspapieren hebben, zulke concepten kennen de Urak Lawoi niet. Gelukkig heeft een aantal advocaten zich hun lot aangetrokken. Die proberen nu met behulp van DNA-analyse aan te tonen dat de Urak Lawoi hier al eeuwenlang hun doden begraven, wat ze rechten zou geven. Hoe dit afloopt, weet echter niemand.
Van al deze achtergronden krijg je niets mee wanneer je rechts van de pier naar het **zeenomadendorp** 1 loopt. In plaats van door de historie word je hier overweldigd door hetgeen de ervaren vissers allemaal mee aan land brengen: vissen, kreeften, langoesten, kokkels – alles vers uit zee gehaald en voor prima prijzen te koop. Zoek wat lekkers uit en laat het in een van de restaurants aan de overkant voor je klaarmaken.

Vriendelijk en informeel

Sandy House 1

Klein, behaaglijk guesthouse met zeer hartelijke eigenaar, die graag helpt bij het plannen van uitstapjes. Het ligt niet in het centrum, maar met de fiets (gratis) of scooter (kleine bijdrage) ben je daar snel.
62/3-4 Moo 6, Viset Rd., tel. 085 888 08 21, € 25-30

RAWAI/NAI HARN

Bezienswaardig
1 Zeenomadendorp
2 Boeddhistische tempel

Overnachten
1 Sandy House
2 All Seasons
3 Baan Oui Guesthouse

Eten en drinken
1 Zen Eat
2 Nikitas Restaurant
3 Salaloy Seafood
4 Rock Salt
5 Natural Efe Macro-biotic World
6 A Spoonful of Sugar

Winkelen
1 Rawai Art Village

Sport en activiteiten
1 Organic Thai Cooking School
2 Phuket Easy Thai Cooking

French fusion
Zen Eat 1
Zeer creatieve keuken voor culi's. Chef Sylvain tovert elke avond kleine kunstwerkjes op tafel – bijna te mooi om op te eten (dus perfect voor Instagram). Probeer bijvoorbeeld de paella met zeevruchten of een van de heerlijke rundvleesgerechten. Een andere specialiteit van het huis is de eendenborst in sinaasappelsaus.

50/7 Soi Saluant, tel. 076 62 52 35, ma.-za. 18-22.30 uur

Al 20 jaar populair
Nikitas Restaurant ❷
Wat begon als 'geheime' hang-out voor expats, is intussen een bij iedereen geliefde plek voor goed avondeten (of ontbijt) aan het strand. Op de omvangrijke menukaart staat zowel (veel) seafood als Europese (pizza uit de houtoven!) en Thaise gerechten. Cocktails, shakes, redelijke wijnkaart en een groot bieraanbod.
44 Viset Rd., tel. 076 28 87 03, 9-23.30 uur

Lokale specialiteiten
Salaloy Seafood ❸
Dit grote Thaise restaurant (ga vooral buiten op de boulevard zitten!) heeft door de jaren heen een uitstekende reputatie opgebouwd. Of je nu vis, kreeft of garnalen bestelt, alles wordt perfect bereid. Probeer ook eens een van de andere specialiteiten – bijvoorbeeld een lekkere bananenbloemsalade.
52/2 Moo 6, Rawai Beach, tel. 076 61 37 40, 10-22 uur

Nai Harn

C 13, Uitneembare kaart Rawai/Nai Harn blz. 37

Het prachtige witte strand van Nai Harn was vroeger een verborgen parel, alleen bekend bij backpackers die hier een tijdje waren en het eiland écht gingen verkennen. Maar die tijd is voorbij en inmiddels komen ook veel toeristen zomaar even een dagje van de zon genieten. Dat is niet meer dan logisch – dit strand is zó mooi!

Meteen achter het strand bevinden zich ... Bars? Restaurants? Hotels? Niets van dat alles: alleen een grote parkeerplaats voor de auto's en scooters van de zonaanbidders. En van locals die de nabij gelegen **boeddhistische tempel** 2 bezoeken. Pas een stukje verderop begint het eigenlijke dorp met accommodaties, restaurants, massagesalons et cetera. Het is een voor Phuket heel rustige omgeving – zeer geschikt voor een kleine wandeling (▶ blz. 40).

Topplek aan het strand
All Seasons 2
Chic, westers hotel op een paar passen van het strand: de best gelegen accommodatie van Nai Harn. Begin je dag hier bij het ontbijtbuffet met westerse en Aziatische gerechten en spendeer de rest ervan aan het strand. Alhoewel, het zwembad ziet er ook erg aanlokkelijk uit.
14/53 Moo 1, Naiharn Beach, tel. 076 36 36 66, www.allseasons-naiharn-phuket.com, € 80-120

In het achterland
Baan Oui Guesthouse 3
Schone kamers met grote comfortabele bedden in een goed verzorgd guesthouse. Je loopt in een paar minuten naar het strand en de vriendelijke eigenaren Christie en Eck bulken van de tips (en spreken uitstekend Engels). Goede prijs-kwaliteitverhouding.
14/95-96 Moo 1, Saiyuan Rd., tel. 076 38 85 38, € 30-50

Chic aan het strand
Rock Salt ❹
Op een rots aan de zuidkant van het strand ligt dit uitstekende restaurant, dat deel uitmaakt van luxeresort The Nai Harn. Dit hoort bij het verbond van 'Leading Hotels of the World' en men doet alle moeite om deze naam eer aan te doen. Dat heeft natuurlijk zijn prijs, maar het uitzicht is echt onbetaalbaar.
23/3 Moo 1, Viset Rd., 12.30-22 uur

Organische ervaring
Natural Efe Macrobiotic World ❺
'Eet je gezond', aldus de macrobiotiek. Eén bezoekje aan dit met veel liefde ingerichte restaurant zal hiervoor misschien niet toereikend zijn, maar de veganistische snacks en gerechten zijn zeker interessant en het proberen waard. Uitbater Kostas experimenteert al jaren met allerlei ingrediënten als

Kijk niet achterom, maar geniet van de dag op Nai Harn Beach.

granen en zaden. Uiteraard wordt alles ecologisch verantwoord geteeld. De porties zijn niet erg groot, dus een borrelhapje vooraf is wel zo handig. Bij het buffet in het weekend (300 baht) krijg je een goede eerste indruk van het restaurant.

14/93-94 Moo 1, Viset Rd., tel. 089 785 48 01, 9-19.30 uur

Zoete verleidingen

A Spoonful of Sugar 6

Mooi café waar de koffie goed is en het gebak huisgemaakt, maar de grootste attractie het ontbijt is. Naast klassiekers als yoghurt met muesli, Amerikaanse pancakes en allerlei ei-ergerechten staan op de kaart ook gezondere opties als salade van gerookte zalm en bosbessen-proteïneshake.

Saiyuan Rd., di.-zo. 8-19 uur

IN DE OMGEVING

Een kleine tijdreis

Als je ten westen van het strand pal aan The Nai Harn voorbijrijdt (de bewaker zal je doorlaten als je zegt waar je heengaat), kom je na ongeveer1 km op een smal weggetje tussen het groen bij de kleine baai **Ao Sane** (🕮 B 13) . Daar liggen de gelijknamige bungalows, die er zo uitzien alsof de tijd hier is blijven stilstaan sinds de jaren 90. Eet wat in het bijbehorende restaurant en probeer je niet te storen aan de wellicht wat trage bediening. Dit is een heel relaxed, ouderwets familiebedrijf. En als je toevallig snorkelmateriaal bij je hebt, kun je hier zo het water in duiken. De baai is met zijn 200 m geen plek voor langeafstandzwemmers, maar tussen de rotsen in het water zijn altijd mooi gekleurde zeebewoners te ontdekken.

#5

Mooie vergezichten – **kleine wandeling in het diepe zuiden**

Nee, Phuket is niet bepaald een wandelparadijs. Overal wordt gebouwd en het verkeer wordt met het jaar drukker en chaotischer. Wil je toch een beetje 'vrij' rondlopen in plaats van aan het strand liggen of je laten rijden? Wandel dan naar de kapen in het zuiden en je zult worden beloond met een aantal van de mooiste vergezichten van het eiland.

Wanneer je het terrein verkent in de Wat Nai Harn, kun je een heilige boom ontdekken die ook dient als 'geestenbegraafplaats'. Hier vinden kapotte Boeddhabeelden en huisaltaren van overledenen hun laatste rustplek.

Het is echt niet makkelijk je los te rukken van het mooie strand van Nai Harn, maar wanneer je dat is gelukt, moet je langs het **All Seasons Hotel** 1 landinwaarts. Drank en snacks voor onderweg kun je kopen in een van de winkeltjes aan de linkerkant van de weg. Achter de parkeerplaats ga je door de opvallende poort met het dak met meerdere niveaus naar de **Wat Nai Harn** 2.

Op het terrein van de tempel word je waarschijnlijk begroet door de honden die hier een veilige plek hebben gevonden (aai ze voor de zekerheid maar niet). Achter de kleine witte tempel links bevindt zich de grotere hoofdruimte. Als die open is, kun je de daarin zittende Boeddha bezoeken – uiteraard wel eerst je schoenen uitdoen.

De berg op

Verlaat het tempelterrein door de achterdeur en ga rechtsaf. Ga half om het meertje heen tot je rechts op **straat 4233** stuit. Ga daar de heuvel op. Een klein **heiligdom** staat in de scherpe hoek die de straten hier vormen. De weg bergop is af en toe inspannend (1,5 km, 20 min.), maar na een paar bochten, wanneer links en rechts de vegetatie in zicht komt, komt je eerste doel in zicht, de **windturbines** 3. Neem de kleine weg rechts en pauzeer aan de voet van de reusachtige stroomopwekkers – en geniet van het fantastische uitzicht.

Terug naar de zee

Eenmaal bijgekomen kun je beginnen aan de volgende etappe: verder op straat 4233 – alleen maar bergaf! Eenmaal op zeeniveau wacht een klein, maar erg fijn strand op je, **Ya Nui** 4. Hier kun je snorkelen (er is materiaal beschikbaar op het strand) en zwemmen (in het noordelijke deel van de baai).

Dan loop je weer verder. Bergop, ja, maar de moeite wordt beloond met weer een mooie uitkijkplek waarvandaan je de baai in al zijn glorie ziet. Dat je het **uitkijkpunt** 5 van Promthep hebt bereikt, merk je vanzelf: winkeltjes en standjes onder kleurrijke zonneschermen en een grote parkeerplaats. Hier komt bijna elke Phuket-bezoeker wel een keertje van het uitzicht genieten – geen Thai verlaat het eiland zonder een selfie te hebben gemaakt bij het Krom Luang-monument.

Volg weer de weg naar **Rawai.** Na zo'n 2,5 km (bergaf, 30 min.) kom je op de **boulevard** 6 met zijn seafoodrestaurants.

INFORMATIE

Start zo vroeg dat je het eerste stuk bergaf bereikt voor de hitte van de middag. Vergeet niet zonnebrandcrème en water mee te nemen! Op de boulevard van Rawai zijn taxi's om je terug naar je accommodatie te brengen.

Alternatieven: in het laatste deel van Promtheap naar Rawai kun je de tweede geasfalteerde weg nemen (nr. 3047); deze is ongeveer 10 min. langer, maar rustiger. Bovendien kom je dan langs het leuke **Rawai View Café** 1 (op het strand , tel. 096 875 71 54, 11-22.30 uur). Bij eb kun je van daar verder lopen naar het strand van Rawai.

ETEN EN DRINKEN

Op het strand van Ya Nui 4 zijn twee kleine restaurants (meteen achter de weg bij de aftakking naar Rawai). Niks bijzonders, maar prima voor een snack en een koud drankje. Op het strand kun je een verse kokosnoot voor je laten openhakken.

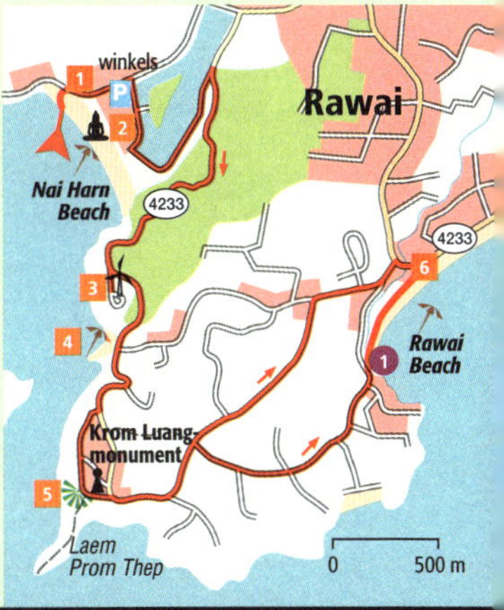

Uitneembare kaart: C 13/14

Droomstranden aan de westkust

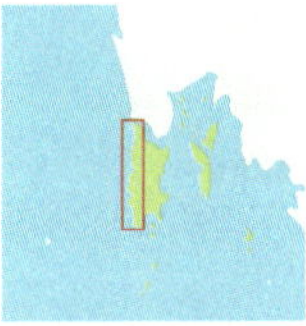

Het ene droomstrand na het andere, ertussen kleine, door junglebeplanting gekroonde landtongen, een bochtige kustweg die steeds weer dramatische, schitterende uitzichten biedt ... Geen wonder dat hier in de jaren 70 al de eerste hippies werden gespot. Toen waren hier nog niet zo veel toeristen, maar dat veranderde in de loop der jaren in sneltreinvaart – nu komt de hele wereld hier genieten van zon, zee en zand. Hoewel het gebied behoorlijk volgebouwd is, is het nog steeds mooi. Maar wel een beetje onoverzichtelijk. Om het overzicht te bewaren, beschrijven we de stranden van zuid naar noord.

Kata

B/C 12, plattegrond

▸ blz. 48

Eigenlijk worden hier twee stranden onder één naam samengevoegd. Het rustiger, mooie Kata Noi ('klein Kata') en ten noorden daarvan, achter een romantische, rotsachtige kaap, de door (de expansiedrang van) Club Med gedomineerde Kata Yai ('groot Kata'). Ze hebben gemeen dat op beide plekken achter de eerste rij van hotelcomplexen aan het strand een weg loopt waar het toeristische leven plaatsvindt. Hier rijgen de winkels, bars, restaurants, duikscholen, scooterverhuurders en reisbureaus zich aaneen. Dit loopt vloeiend over in de volgende landtong en in het drukke centrum Kata-Karon.

BEZIENSWAARDIGHEDEN

De stranden van Kata horen bij de mooiste van het eiland. Zonnebaden en zwemmen zijn hier voor de meeste bezoekers dan ook de belangrijkste bezigheden. Ook de andere hier gebezigde activiteiten hebben met water te maken: snorkelen (het beste bij de rotsen of aan het noordelijke stukje van Kata Yai, waar een visrijk rif is), duiken, surfen of suppen. In de hoofdstraat vind je talloze verhuurders van uitrusting.
Als je je even kunt losrukken van het strand, stap dan in een taxi. Die brengt je in 10 minuten naar het **Karon Viewpoint** 1. Vanhier heb je een uitzicht als op een ansichtkaart op de drie baaien van Kata-Karon, op de azuurblauwe zee waar het eilandje Koh Pu op lijkt te drijven, op de helwitte stranden en op de groene tinten van de jungle. Het is niet voor niets een van de meest gefotografeerde scènes van het eiland. Op de toegangsweg bevindt zich een aantal leuke bars/restaurants – uitermate geschikte plekken voor een *sundowner*.

ETEN, SHOPPEN, SLAPEN

Overnachten

Het mooiste puntje
Katathani Phuket Beach Resort 1
Kenners vinden Kata Noi met zijn witte zand het mooiste van de twee stranden van Kata. Het is dus de ideale logeerlocatie, pal aan zee. Het grote, goed onderhouden complex scoort met een geweldig zwembadlandschap en meerdere restaurants. Probeer een kamer te bemachtigen in de oudere Thani Wing aan het strand. De nieuwere Bhuri Wing aan de achterkant is dan wel wat luxueuzer, maar best ver van zee.
14 Kata Noi Rd., tel. 076 31 83 50, www.katathani.com, vanaf € 199

Logeren bij de koks
Two Chefs Inn 2
Eigenlijk zijn het restaurantuitbaters, de twee chefs. Ze hebben zaken in Kata, Karon, Patong ... En goede ook: van de pad thai tot de pepersteak, alles is van topkwaliteit. Maar ook hun guesthouse is aanbevelenswaardig. Het is goed verzorgd en ligt op een goede plek tussen de beide stranden – die beide ook zonder auto bereikt kunnen worden. En uiteraard is het heerlijke ontbijt bij de prijs inbegrepen.
243 Koktanod Rd., tel. 093 592 88 45, www.twochefs.com/hotel, € 30-60

Eten en drinken

Het beste uitzicht
Sabai Corner 1
Wauw, wat een panorama – je zou hier alleen al moeten komen voor het uitzicht op de jungle en de baaien van Kata-Karon. Het eten is echter ook de moeite waard en de prijs-kwaliteitverhouding is goed. Wil je dineren met

Eerst in het zwembad en dan in zee, of andersom? Keuzestress op vakantie.

uitzicht, dan moet je absoluut een tafeltje reserveren.
Soi Laem Mum Nai 21, tel. 089 875 55 25, 10-22 uur

Thaise keuken op zijn best
Mom Tri's Kitchen 2
Als je een keer echt goed wilt eten, moet je zeker deze klassieker onder Phukets betere restaurants overwegen. Het is er duur, maar de Thaise keuken is van hoog niveau en de ervaring is heel bijzonder. Bovendien is de wijnkaart een stuk beter dan gemiddeld op het eiland ... Reserveren absoluut noodzakelijk. Het restaurant hoort bij het veelgeprezen resort Mom Tri's Villa Royale – prachtig, maar heel duur.
12 Kata Noi Rd., tel. 076 33 35 69, www.momtriphuket.com, 7-23.30 uur

Streetfood zonder street
Wok Street Food 3
Je durft het échte streetfood van die leuke standjes (nog) niet aan? Dan is dit de perfecte plek voor je. In de schone, open keuken worden lokale specialiteiten vers bereid en je eet er aan en op 'echte' tafels en stoelen (in plaats van staand of op plastic kuipjes langs de straat). Betaalbaar en perfect bereid – een plek om naar terug te komen.
Kata Noi Rd., tel. 063 079 09 94, 10-22 uur

Winkelen

Shoppen en slenteren
Kata Night Market 1
Hulk bewaakt de ene ingang, een reusachtige gorilla de andere. Wanneer je een van de twee standbeelden in de hoofdstraat van Kata ziet, weet je waar je moet zijn. In twee van de drie overdekte ruimtes vind je allerlei vakantiebenodigdheden als strandkleren, slippers en souvenirs, in de derde talloze eetkraampjes. Je kunt hier terecht voor goede en goedkope Thaise gerechten, waaronder erg lekkere seafood.
Kata New Rd., 17 uur tot laat

Sport en activiteiten

Surfen wat voor weer het ook is
Surf House Phuket 1
Het hele jaar surfen, zelfs als er geen zuchtje wind is te voelen, kun je bij de kunstgolven van het Surf House. Het is

6

Ready steady cook! – kookcursussen

Het ruikt heerlijk, smaakt fantastisch – en je hebt het zelf gemaakt! Daarna eet je het met je nieuwe vrienden op, in een dorpje ver weg van de toeristische massa. En als je weer naar huis gaat, denk je: ik kan Thais koken. Althans, een beetje.

Tips en trucs zijn de allerbelangrijkste elementen en de grondbeginselen van deze keuken zijn snel geleerd. Je duikt in het dagelijks leven, gaat naar de markt en plukt ingrediënten in de kruidentuin. Beleef de Thaise cultuur: eten is *sanuk* (leuk), het dient om samen te komen en gelukkig te zijn. Misschien lachen de Thai daarom wel zo veel. Ongeacht welke van de talloze – voor je gevoel honderden – kookscholen op Phuket ze ook hebben bezocht, over één ding zijn alle deelnemers het eens: ze hebben ontzettend veel lol gehad.

Een dagje koken

De cursus begint meestal met een bezoekje aan de markt. Je leert veel over groente en fruit, over gefrituurde varkensstaarten, hoe je kokosmelk haalt uit een kokosnoot ... Vervolgens ga je de keuken in. Een beetje snijden, een beetje voorbereiden, en altijd wordt uitgelegd waarom je het zó moet doen en niet zús. En dan hup de wok in. Het sist, het stoomt en het ruikt steeds lekkerder. En dan kun je eindelijk al dat heerlijke, zelfgemaakte eten samen soldaat maken!

K
KOKOS MELK

Het sap van een jonge kokosnoot zou je zeker een keer moeten proeven. Het vruchtvlees wordt geraspt, met water vermengd en uitgeperst.

De S en drie Z'en van de Thaise keuken

De S van **scherp:** de Thaise keuken is pittig. Hoe meer chili je gebruikt, hoe erger het brandt in je mond. Scherp is immers geen smaak, maar een verbrander. In warme streken dient chili door zijn pittigheid echter ook als doder van ziektekiemen.

De Z van **zoet:** het zal je verbazen hoe vaak je de doos palmsuiker grijpt. In de meeste Thaise gerechten zit een enorme hoeveelheid suiker. In een bord pad thai bijvoorbeeld een flinke eetlepel.

De Z van **zuur:** zuur is meestal ook zoet en scherp. De ook bij ons zo bekende zoetzure saus

KATA/KARON

Bezienswaardig
1 Karon Viewpoint
2 Soi Aroonson
3 Boeddhistische Tempel

Overnachten
1 Katathani Phuket Beach Resort
2 Two Chefs Inn
3 Casa Brazil Homestay
4 Baan Chaylay
5 Kata Tranquil Villa

Eten en drinken
1 Sabai Corner
2 Mom Tri's Kitchen
3 Wok Street Food
4 Mr. Coffee
5 EAT.
6 The Pad Thai Shop
7 On the Rock

Winkelen
1 Kata Night Market
2 Karon Temple Market
3 Shopping Sale Karon Plaza

Uitgaan
1 Angus O'Tool's Irish Bar & Restaurant

Sport en activiteiten
1 Surf House Phuket
2 Dino Park Mini Golf
3 Thai Cooking Lessons

Som Tam, een specialiteit van groene papaya. Opgepast: superscherp!

komt uit de Chinese keuken. Hij wordt in de Thaise vaak gebruikt als dip.

De Z van **zout:** de dunne, lichtbruine vissaus (gewonnen uit gezouten, gefermenteerde vis) verleent bijna elk gerecht z'n laatste Thaise touch. Vanwege zijn vele mineralen is vissaus ook heel gezond.

INFORMATIE

Er zijn cursussen van 30 min. (voor de fastfoodliefhebbers) tot een hele dag (7 uur). De meeste hobbykoks boeken een cursus van een ochtend of middag (3-4 uur) waarin ze drie tot vier gerechten leren maken – je moet alles ook weer opeten natuurlijk ...

Organic Thai Cooking School ❶: Rawai, 76/3 Moo 2, tel. 089 970 17 97, www.organicthaicooking.com. Er zijn vaste cursussen, maar als je je eigen favoriete gerechten wilt leren bereiden, kan dat ook. Er is ook een uitgebreid aanbod voor vegetariërs. Verplicht zijn het marktbezoek en een klein rondje in de eigen biologische kruidentuin. Daar wordt ook gekookt. De klasjes zijn met maximaal vier cursisten erg persoonlijk.

Phuket Easy Thai Cooking ❷: Rawai, 51/6 Moo 4 Soi Madsayid Wiset, tel. 088 765 97 31, www.phuketeasythaicooking.com. In 2015 besloot Karn haar restaurant op te geven en zich puur op koken te gaan richten. Zeer individueel ondanks de maximale groepsgrootte van 10 personen. Als je wilt, laten ze je hier zien hoe je een kokosnoot 'melkt'.

Thai Cooking Lessons by Miss Chel ❸: Kata, 45 Koktanod Rd., tel. 093 67 93 35, www.thaicookinglessons.net. Eerst ga je naar het op 10 min. lopen gelegen marktje van het gehucht. Gekookt wordt er in een kleine open keuken met uitzicht op verrassend veel groen. Heel persoonlijke cursus.

Plattegrond Rawai/Nai Harn, ▸ blz. 37 (❶, ❷); **Plattegrond** Kata/Karon ▸ blz. 48 (❸) niet erg goedkoop (800 baht per uur plus 200 baht 'registration fee'), maar het is heel cool en, niet onbelangrijk, beginnersvriendelijk. Als je nog nooit hebt gesurfd kun je je vasthouden aan een touw. Uiteindelijk valt iedereen natuurlijk een keer van zijn plank – en dat is dan weer entertainment voor de rest van de familie.

Kata Noi, tel. 081 979 77 37, www.surfhousephuket.com, 10-22 uur

Golfen in Jurassic Park

Dino Park Mini Golf 2

Nog meer plezier voor het hele gezin: minigolf tussen levensgrote dinosauriers. De baan met achttien holes is doorspekt met scènes uit het Mesozoïcum. Elk halfuur barst er zowaar een vulkaan uit. Na gedane arbeid kun je snacken in het steentijdrestaurant. Fred en Wilma uit *The Flintstones* hebben hier een vakantiebaantje als obers.

Kata-Karon, Beach Rd., tel. 076 33 06 25, www.dinopark.com, 10-23 uur

Karon B 11/12,

De Hat Karon strekt zich uit over bijna 4 km en is daarmee het op twee na langste strand van het eiland. Het middelste deel ervan wordt gedomineerd door 'pakketreizigers' die bivakkeren in grote hotelcomplexen. Ten noorden en ten zuiden daarvan gaat het er heel wat individualistischer aan toe. Op het vlakke, uitgestrekte strand is altijd plek zat.

BEZIENSWAARDIGHEDEN

Je kunt de verschillende delen van Karon prima te voet verkennen. Aan het zuidelijke eind ligt het centrum – je hoeft alleen nog de heuvel over om bij het strand van Kata te komen. Ben je geïnteresseerd in de onderwaterwereld, pak dan je snorkelspullen. De rotsen aan het eind van het strand zijn het thuis van talloze bontgekleurde vissen.

De twee hoofdstraten van Karon lopen in noord-zuidrichting. De een is naar het dorpje genoemd, Patak Road loopt iets verderop. Ertussen vind je talloze *sois*: stegen en straten vol restaurants, goedkope accommodaties en winkeltjes. Een leuke is **Soi Aroonson** 2, ongeveer halverwege Beach Road. Hier zijn heel veel restaurants.
In het noordelijke stuk van Patak Road bevindt zich de **boeddhistische tempel** 3 van Karon. Hier vindt tweemaal per week een leuke **markt** plaats. Een rotonde met een fontein markeert de plek waar Patak en Karon Road elkaar weer tegenkomen aan zee.

ETEN, SHOPPEN, SLAPEN

Overnachten

Bed and breakfast met flair

Casa Brazil Homestay 3

Charmant hotel met veel mooie details. De grote kamers, die door de kleur van de muren wel wat donker zijn, worden dagelijks schoongemaakt (in deze prijsklasse zeker niet vanzelfsprekend). Je loopt in een paar minuten naar het strand.

9 Luang Pho Chuan Rd., tel. 076 39 63 17, www.phukethomestay.com, € 20-40

Goedkoop en rustig

Baan Chaylay 4

Veel van de goedkopere accommodaties liggen aan de lawaaiige hoofdstraten, maar deze bevindt zich op een afstandje van de drukte. De kamers in een gebouw van twee verdiepingen zijn niet bepaald spectaculair, maar de prijs is prima en het kleine zwembad lekker.

6/2 Soi Patak 22, tel. 076 39 62 48, € 15-30

Klein en fijn

Kata Tranquil Villa 5

Wil je hier logeren, dan moet je ruim op tijd boeken. De vier kamers en zeven bungalows ('villas') zijn zeker in het hoogseizoen zeer gewild. Geen wonder: de kamers zijn top, het zwembad mooi en de uitbaters vriendelijk. De ligging is al net zo prettig: je loopt in 10 min. naar het strand van Karon en in een paar meer naar dat van Kata. Aan jou de keus.

11/12 Soi Patak, tel. 076 39 61 25, www.kata tranquilvilla.com, € 40-120

Eten en drinken

Het ontbijtalternatief

Mr. Coffee 4

Je hotel is prima, maar die drab die ze bij het ontbijt als koffie serveren ... Dan moet je op zoek naar een alternatief. Bij Mr. Coffee zetten ze echte Italiaanse espresso en cappuccino – en als je er dan toch bent, neem je meteen een lekker ontbijtje. Tijdens je vakantie jarig? Ze maken hier feestelijke taarten.

479/1 Patak Rd., tel. 095 032 02 73, 8-19.30 uur

Beestachtig

EAT. 5

Burgers, steaks, kreeft, vis – hier staan beesten op het menu. Beroemd is EAT. voor zijn chateaubriand (799 baht), maar ook de wat voordeliger Black Angus beef burger (199 baht) is niet te versmaden. Speelt geld geen rol, bestel dan de Australische wagyu-steak (1899 baht). Pasta, soepen en salades completeren het aanbod. Voor diner zeker reserveren.

250/1 Patak Rd., tel. 085 292 56 52, ma.-za. 11-22.30 uur

Local

The Pad Thai Shop 6

Authentieker is niet mogelijk. In dit kleine, door een familie gerund winkeltje koop je fantastisch Thais eten voor slechts 50 baht per gerecht. De keus is vaak beperkt tot drie of vier schotels, maar dat is genoeg. Probeer de pad thai waaraan het zaakje zijn naam dankt of de geweldige noedelsoep met rundvlees. Daarna zul je denken: waarom ben ik niet eerder zo'n onopvallend tentje binnengelopen?

Patak Rd. in de buurt van Soi 12, richting Kata-Karon aan de rechterkant, 8-19 uur

Romantisch diner

On The Rock 7

Het misschien wel mooiste restaurant aan het strand hoort bij het Marina Phuket Resort en troont op een granieten rots op het zuidelijke puntje van Karon Beach. Uitstekende keuken (specialiteit: seafood), goed opgeleid personeel en een superromantisch uitzicht. Reserveer op tijd en vraag om een tafel vooraan.

47 Karon Rd., tel. 07 633 06 25, www.marina phuket.com, 12-24 uur

Winkelen

Drukte in de tempel

Karon Temple Market 2

Al zijn de meeste verkopers meer gericht op toeristen dan op locals, de twee keer per week gehouden markt bij de Wat Suwan Khiri Khet (zoals Karons boeddhistische tempel officieel heet) heeft toch een authentiek sfeertje. Veel kraampjes waar van alles en nog wat te koop is en natuurlijk standjes met de heerlijkste Thaise gerechten.

Karon Rd., di. en vr. 16-22 uur

Afdingen maar

Shopping Sale Karon Plaza 3

Ben je op zoek naar goedkope kleren, ga dan naar Karon Plaza voor een oneindige hoeveelheid textiel en accessoires. De prijzen zijn onderhandelbaar – afdingen maar!

Beach Rd., 10-23 uur

Uitgaan

De reputatie van Phuket als *party island* is vooral te danken aan Patong. Maar ook in Karon zijn een paar leuke hotspots. Bijvoorbeeld de bars aan **Patak Road** in de buurt van de rotonde in het noorden en **Karon Plaza** in de buurt van Lung Pho Chuan Road. Erg gezinsvriendelijk is het hier echter niet. Als je in alle rust wat wilt drinken zonder de hele tijd van jongedames te horen hoe *handsome* je wel niet bent,

Helmplicht? Mwah. Toch is het als toerist wel verstandig er een te dragen.

ga je bijvoorbeeld naar **Angus O'Tool's Irish Bar & Restaurant** 1. Vijftien biersoorten, waarvan zes van de tap, en vaak livemuziek (516/20 Patak Rd., tel. 07 639 82 62, 10-1 uur).

Sport en activiteiten

Behalve op het strand liggen is er in Karon niet veel te doen. Kook- en yogacursussen zijn te boeken in een aantal grote hotels als het Mövenpick en het Centara.

Patong B/C 10

Voor de een is het de hemel, voor de ander de hel: Patong Beach en de erachter liggende uitgaanswijk zijn de meest toeristische plekken van heel Thailand. Op het water racen jetski's tegen speedboten, op het 3 km. lange strand liggen zonaanbidders hun roes uit te slapen, af en toe een opdringerige zonnebrillenverkoper wegjagend. Ze moeten krachten verzamelen voor weer een nacht feesten. In de straten en stegen hoor je continu 'hello sir' en 'hello madame'. Dit is geen plek voor een rustige vakantie, maar je moet het wél een keer hebben gezien en meegemaakt ...

BEZIENSWAARDIGHEDEN

Midden in het feestgedruis

De eerste stop voor alle feestvierders is Bangla Road. Deze voormalige Soi (steeg) heeft zich ontwikkeld tot een populair voetgangersgebied. Hier rijgen de bars en clubs zich aaneen – en in de zijstraatjes links en rechts zitten er nog veel meer. Tegen zonsondergang gaat het hier helemaal los: overal klinkt muziek, schaars geklede dames dansen om glimmende palen en weinig vertrouwen wekkende proppers flyeren voor pingpongshows (die niets te maken hebben met tafeltennis) en andere gekkigheid. Of je je laat lokken naar zo'n spektakel in een achterafsteegje, moet je natuurlijk zelf beslissen, maar denk eraan dat het in elk geval een dure grap wordt! Relaxter is een koud drankje in een van de oudgediende bars richting strand – geniet op je kruk van de drukke show op straat.

PATONG

Bezienswaardig
1 Jungceylon
2 Bangla Boxing Stadium
3 Paton Boxing Stadium
4 Banzaan Market

Overnachten
1 Boomerang Inn
2 K-Hotel
3 Patong Terrace Boutique Hotel
4 Impiana Resort Phuket

Eten en drinken
1 Baan Rim Pa
2 Café de Paris
3 EuroThai
4 Naughty Nuri's
5 Sultan's Grill
6 Street Food Market

Winkelen
1 Patong OTOP Shopping Paradise

Uitgaan
1 Simon Cabaret
2 Kangaroo Bar
3 Red Hot Bar
4 Devil's Playground
5 Illuzion

Sport en activiteiten
1 Flying Hanuman
2 Phuket Wake Park
3 Zorbing at Rollerball
4 Footballcrazygolf
5 Pum's Cooking School

De stad verkennen

Dat Patong in de jaren 70 nog een vissersdorpje was, is nauwelijks te geloven. Overal hotels, en in hoekjes waar ze nog niet staan, wordt druk gebouwd. Op de drie hoofdstraten, Beach Road en vooral de iets landinwaarts parallel eraan lopende Rat Uthit en Na Nai lijkt het 24/7 spitsuur. De stad heeft dan ook veel te bieden en trekt bezoekers van het hele eiland.

Vele komen om te shoppen, bijvoorbeeld bij **Jungceylon** 1, Phukets grootste winkelcentrum (199 Rat Uthit, 11-22 uur). Het ligt midden in het centrum, schuin tegenover het einde van Bangla Road en biedt plaats aan meer dan tweehonderd winkels, een bowlingbaan, een bioscoop, restaurants en speelhallen.

Iets noordelijker ligt aan Na Nai Road het **Bangla Boxing Stadium** 2 – dé place to be voor thaiboksgevechten (ma., vr. en zo. vanaf 21 uur). Het kost wat (1700-2500 baht), maar je krijgt er wel een authentieke Thaise ervaring voor terug. Iets goedkoper kun je naar wedstrijden kijken in het minder centraal gelegen **Patong Boxing Stadium** 3 (ma. en do., vanaf 1200 baht).

Tegenover het Bangla Boxing Stadium ligt de **Banzaan Market** 4, een culinair paradijs voor liefhebbers van seafood. Van vis en kreeft tot langoesten en mosselen, alles wordt vers bereid en de keuze is reuze. Vooral 's avonds is het hier altijd druk.

ETEN, SHOPPEN, SLAPEN

Overnachten

Honderden accommodaties in alle prijsklassen dingen om de gunst van de toerist. Dan nog kan het moeilijk zijn een kamer te vinden, vooral rond kerst en oud en nieuw. Boek dus ruim van tevoren om niet teleurgesteld te worden. Het prijsniveau is in Patong iets hoger dan in de andere badplaatsen.

Goedkoop en centraal
Boomerang Inn 1

Als je goedkoop wilt logeren in Patong, beland je vaak in een vervallen puinhoop – zo niet bij Boomerang Inn. Het is al een oudgediende, maar dat is er niet aan af te zien. Niet ín het feestgedruis, maar op een paar minuten lopen van zowel strand als Bangla Road.

5/1-8 Patong Beach Rd., tel. 076 34 21 82, www.boomeranginn.com, € 25-45

Met wintersportvoedsel
K-Hotel 2

Groene oase in het hart van Patong. Zwembad met zonneweide en grote, zeer nette kamers. Populaire biergarten waar zowel pittige Thaise soep wordt geserveerd als romige Oostenrijkse *rahmgeschnetzeltes* – bekend bij wintersporters.

180 Rat Uthit Rd., tel. 076 34 08 32, www.k-hotel.com, € 50-100

Chic guesthouse
Patong Terrace Boutique Hotel 3

Modern ingericht, goed verzorgd en nog beter gelegen – wat wil je nog meer? Het ontbijt (250 baht) is niet inbegrepen. Da's een mooie reden om meteen na het ontwaken op verkenningstocht te gaan en je eigen ontbijttentje te ontdekken.

209/12-13 Soi Rat Uthit, tel. 076 51 05 40, www.patongterrace.com, € 50-120

Droomlocatie aan het strand
Impiana Resort Phuket 4

Probeer je maar eens los te rukken van het zwembad met uitzicht op het strand. Het zal wel moeten, want de bar is ook zeer aanlokkelijk. Een betere verblijfplek is in Patong eigenlijk niet te vinden. Zeker niet als je aan het strand wil slapen. Uitstekende service en ook hotelrestaurant Sala Bua is top.

41 Taweewong Rd., tel. 076 34 01 38, www.phukethotels.impiana.com.my, vanaf € 100

Eten en drinken

Waar je ook zin in hebt, in Patong zul je het vinden: Thais, Turks, Italiaans,

Japans, Indiaas, Frans, Pakistaans, Libanees ...

Dinner with a view

Baan Rim Pa ❶

Een van de oudste restaurants van Patong en na al die jaren nog steeds een toptip voor mensen die niet elke baht moeten omdraaien en naast uitstekend Thais eten ook belang hechten aan een leuke sfeer. Als je een van de tafeltjes op het aan zee gelegen terras wil (en dat wil je), moet je zeker reserveren. Een deur verder ligt het bijbehorende **Joe's Downstairs**, met een chique witte inrichting, fusionkeuken, tapas en een door kenners bejubelde wijnkaart. Het perfecte alternatief voor de drukte in de straten.

223 bzw. 223/3 Phrvanafarami Rd., tel. 093 584 55 63, www.baanrimpa.com, 12-23 uur

Creatief

Café de Paris ❷

Vooraf een soep van aardbeien en watermeloen (met een vleugje munt), dan kreeftravioli in botersaus en ten slotte appeltaart met vanille-ijs. De Zwitserse chef-koks Georges en Alain verwennen je op hoog niveau.

110/5 Thaweewong Rd., tel. 061 643 92 49, ma.-za. 14.30-23, zo. 16-23 uur

Lekker en informeel

EuroThai ❸

Eenvoudig restaurant met een prima prijs-kwaliteitverhouding. Zoals de naam doet vermoeden Europese en Thaise gerechten, allemaal vers en vakkundig bereid. Ook veel vegetarisch.

80/10 Soi Dr. Wattana, Beach Rd., tel. 076 34 14 64, 9-23 uur

Kluiven maar

Naughty Nuri's ❹

Zin in spareribs? Kom dan hierheen. De ribbetjes van het Phuket-filiaal van het legendarische Balinese restaurant zijn om je vingers letterlijk bij af te likken. Mogen we als bijgerecht patat met parmezaan en truffel aanbevelen? Populaire, luidruchtige tent waar je weleens een wilde avond zou kunnen beleven.

122 Rat-Uthid Rd., tel. 061 173 00 11, 12-24 uur, laatste bestelling 22.45 uur

Oriëntaals genieten

Sultan's Grill ❺

Authentieke, voortreffelijke Turkse en Indiase keuken – hier wil je het liefst 1001 nachten blijven. Probeer de heerlijke kebab of de chicken biryani. Zeer geschikt voor vegetariërs.

162-162/1-2 Taweewong Rd., 12-23 uur

Ladyboys: de koninginnen van de nachten vieren hun vrouw-zijn.

Winkelen

Niet alleen de **Jungceylon** (▸ blz. 53) nodigt uit tot shoppen. Slenter simpelweg door de straatjes en kijk om je heen – er valt overal wat te ontdekken. Bij de kraampjes op de straat moet je zeker onderhandelen. Zeker wanneer je net bent aangekomen en je duidelijk te herkennen bent als onervaren 'bleekgezicht'. Dan vraagt men al snel twee keer de gangbare prijs. Na twee weken zon (en prijskennis) betaal je vaak een stuk minder.

Authentieke souvenirs

Patong OTOP Shopping Paradise 1

Tussen alle zooi die je in Patong wordt aangeboden een authentiek souvenir scoren, is niet altijd even makkelijk. Maar hier is de kans van slagen heel groot. OTOP staat voor *one tambon, one product* – vrij vertaald één gemeenschap, één product. Dit Thailand-brede initiatief probeert lokale producten aan de man te brengen. Dat kunnen gedroogde vruchten zijn, zeepjes, maar ook kunst van kokosnoten – alles mag. Je moet de OTOP-winkels even zoeken tussen de bierbars en massagesalons, maar je vindt er waarschijnlijk wel een authentiek Thais souvenir.

Rat Uthid Rd. (tegenover het Hard Rock Café), 10 uur tot laat

Uitgaan

Het nachtleven van Patong is letterlijk een apart hoofdstuk: ▸ blz. 56. Maar ook als je niet helemaal los wilt gaan, kom je hier aan je trekken. Een must is voor veel mensen een bezoek aan het bekende **Phuket Simon Cabaret** 1 (8 Sirinat Rd., tel. 076 342 01 15, www.phuketsimoncabaret.com, voorstellingen dag. 18, 19.45 en 21.30 uur, 430-900 baht). De mooiste ladyboys van het eiland geven hier acte de présence in prachtige kostuums en creatieve ensceneringen. Als je wil, kun je na de show nog een selfie maken met een van de 'dames'.

Geroosterd een populaire Thaise snack: kippenvoetjes.

Sport en activiteiten

In Patong draait alles om het water – ook bij het sporten. Van parasailen tot jetskiën, alles is mogelijk. In de omgeving zijn nog wat andere spannende activiteiten te ondernemen, vooral geschikt voor adrenalinejunkies. En wie minder actie wil, kan leren koken.

Als een aapje

Flying Hanuman 1

Swing als een aap van boomtop naar boomtop en ervaar het tropisch regenwoud vanuit een totaal ander perspectief – uiteraard goed gezekerd en begeleid door ervaren gidsen. De ziplines die de 28 platforms met elkaar verbinden zijn tot 40 m hoog en 400 m lang. Een onvergetelijke ervaring, ook voor (stoere) kids vanaf 4 jaar.

89/16 Moo 6, Soi Namtok Kathu, tel. 076 32 32 64, www.flyinghanuman.com, 8-18 uur, 2300-3500 baht

7

Seks, drank en rock-'n-roll – **uitgaan in Patong**

Luid! Kleurrijk! Schreeuwerig! Halfnaakte mensen, wulpse blikken ... Bangla Road is het wild kloppende hart van Phukets nachtleven. Je moet het gezien hebben, wordt gezegd, net als de Amsterdamse Wallen. Wanneer de avond valt, wordt het feest!

De meest gefotografeerde lichtreclame van het eiland hangt boven de toegangspoort van de straat. 'Welcome to Patong Beach', staat erop. Je bent nauwelijks van de boulevard afgebogen en een stel weinig betrouwbaar overkomende types duwen een prijslijst onder je neus: 'Ping Pong Show? Lady Bum Bum?' Uit de bars dreunt muziek. In de **Kangaroo Bar** 2 betreed je historische grond – hij bestaat al sinds 1983! Laat je maar lekker gaan, de drankjes kosten 100-150 baht. En als er bandjes spelen, is de stemming extra uitgelaten – vooral in de **Red Hot Bar** 3.

G
GLAMOUR?

Zo zelfverzekerd als de ladyboys ook mogen overkomen: glamour en ellende liggen hier vaak dicht bij elkaar. De dure operaties en hormoonbehandelingen dwingen veel jongeren hun geld te verdienen als sekswerker.

Naar de hel

Behalve door muziekcafés wordt het beeld bepaald door talloze kleine winkeltjes met schaars geklede jongedames. Ze dansen op de bar en hangen aan stangen. 'O, daar zijn ook twee mannen in korte broek' – zo nu en dan is er kijkvoer voor vrouwen. Veel komt vrij onschuldig over. Er wordt veel gelachen en de sfeer is meestal een stuk minder broeierig dan je misschien zou verwachten. In een zijstraat lopen duivelinnen in strak rood leer rond. Ze zwaaien met hun zweepjes: 'Come in!' Als je gehoorzaamt, riskeer je een blik in de 'hel' van de gogo-kroeg **Devil's Playground** 4.

All you can drink

Misschien ga je liever naar een grote club als **Illuzion** 5? De gasten zijn jong en komen uit de hele wereld – net als de dj's. Voor 1000 baht en-

Als de nacht valt in Patong, laat je zien wat je hebt. Voor een paaldans-showtje hoef je niet naar een schimmige club – het gebeurt gewoon op straat.

tree krijg je een glas dat je de hele avond gratis kunt laten vullen (21-1 uur). Niet jouw ding? Dan terug de straat op.

Ladyboys

In de kleine uurtjes komen daar de dames van de buitencategorie bij elkaar, de ladyboys. Zij zijn hier de grote attractie. Met grote boa's vol veren, een dikke lagen make-up, op de hoogste hakken die je ooit hebt gezien dansen ze in het rond. Verpakt in glitterpakjes maken ze reclame voor shows en zichzelf.

Exit

Veel bezoekers (jij natuurlijk niet) wankelen aan het eind van de avond op hun benen – sommige moeten ondersteund worden door hun vrienden. Een stel loopt voorbij, hij westers, zij Thais. Ze maken ruzie om de prijs. Een avondje hier roept veel vragen op en zet je aan het denken. Maar ja, ook dat is Phuket. Alleen een deel echter – op dit stukje nog geen 350 m lang.

INFO EN OPENINGSTIJDEN

Kangaroo Bar 2: 34 Bangla Rd., 9-3 uur. **Red Hot Bar** 3: 30/123 Bangla Rd., 11-3 uur. **Devil's Playground** 4: 23/17-18 Soi Sea Dragon, 19.30 uur-laat. **Illuzion** 5: 31 Bangla Rd., 21-3 uur.

ETEN EN DRINKEN

In de **Street Food Market** 6 vind je alles van vleesspiesjes en noedels tot vis en nog veel meer. Alles goed en goedkoop.

Plattegrond: ▸ blz. 52

Avontuur voor mensen zonder hoogtevrees: aan de zipline door de jungle.

Op de plank
Phuket Wake Park 2

In het Wake Park kun je leren wakeboarden zonder meteen de open zee op te moeten. Je wordt met een touw over een kunstmatig meer getrokken. Als je het voor elkaar krijgt ook in de bochten op het wankele plankje te blijven staan, mag je trots zijn op jezelf. Misschien toch ook maar even die schans meepakken?

86/3 Moo 6 Vichitsongkram Rd., tel. 076 51 01 51, www.phuketwakepark.com, 9-18 uur, 650 (1 uur vroeg in de ochtend) tot 1600 baht (hele dag)

Je wordt er draaierig van
Zorbing at Rollerball 3

Heerlijke ongein: met z'n tweeën van een helling afrollen in een met 40 l water gevulde doorzichtige plastic bal. Het slaat nergens op, maar je lacht je rot. Ga je hier met je kinderen heen, dan bestaat er een reëel gevaar dat ze nooit meer weg willen.

Büro im Kalim Bay View, Soi 7, Kalim, tel. 089 872 65 32, www.rollerball.co, 10-18 uur, 850 (1 keer de helling af) tot 1850 baht (6 'ritjes')

Tot het gaatje
Footballcrazygolf 4

Een potje voetballen of liever een rondje golfen? Als je niet kunt kiezen, doe je het hier gewoon allebei tegelijk. De bal over een 18-holes golfbaan schoppen, vindt iedereen leuk, van jong tot oud. Doe wel je best, want er is niet alleen een Wall of Fame voor de beste voetgolfers, maar ook een Wall of Shame – en daar wil je natuurlijk niet op.

46/417 Moo 6 Prvanafaramee Rd., tel. 076 61 10 88, 9-19 uur, 700 baht, kinderen 400 baht incl. transport van en naar je accommodatie

Wokken maar
Pum's Cooking School 5

Wat is 'lazy cooking' nu toch weer? Het geheim wordt onthuld in Pum's Cooking Class. Veel bereiken met weinig moeite en ingrediënten – dat klinkt als een goed recept. Bezig baasje mevrouw Pum, die inmiddels ook een aantal restaurants in Frankrijk en Engeland uitbaat, leerde al op haar tiende koken. Van haar oma, uiteraard. Ze ontwikkelde tijdens haar studie in Groot-Brittannië een eigen stijl. Tijdens haar cursussen leer je hoe je op eenvoudige wijze een lekker Thais maal bereidt met een aantal verse ingrediënten. Superhandig voor thuis: je krijgt een boekje met recepten als aandenken.

204/32 Rat Uthid, tel. 076 61 82 45, www.pumthaifoodchain.co.th, lessen om 11, 16 en 18 uur, vanaf 450 baht

INFO

Taxi's en tuktuks verrassen steeds weer met woekerprijzen. Wees dus op je hoede. Officieel kost een taxi naar het nabij gelegen Karon Beach 400 baht, naar Kata 500 en naar Surin Beach 600 baht. Voor een tour naar Phuket Town ben je 500 baht kwijt. Dan zijn de blauwe, half open **eilandbussen** (30 baht) een beter idee. Overdag vertrekt er zo'n beetje elk halfuur eentje bij het noordelijke puntje van het strand. Naar de stranden aan de westkust en de luchthaven rijdt de **Smart Bus** (9-17 uur, elke circa 45 min. www.phuketsmartbus.com).

IN DE OMGEVING

Als in een prentenboek

Het kleine **Paradise Beach** (🕮 A 10) ten westen van Patong doet zijn naam absoluut eer aan. Het is slechts 150 m lang, maar zó mooi! Dat is helaas niet bepaald een geheim, en het is er vaak veel te druk. Voor de entreeprijs van 100 baht krijg je ligstoelen en parasols, er zijn ook restaurants. Eens per maand vindt hier een grote full moon party plaats. Dan dansen de feestgangers hier tot de vroege ochtend.

Misleidende naam

De **Kathu-waterval** (🕮 C 9) is er niet een die met een hels kabaal honderden meters naar beneden stort. Het is een afhankelijk van het seizoen wilde of rustig kabbelende rivier die door de groene jungle meandert en daarbij hier en daar over keien klettert. Daarbij ontstaan poeltjes waarin je kunt afkoelen. En dat is wel nodig ook, vooral als je de hele loop van de rivier volgt. Van de parkeerplaats, waar snacks en drankjes te koop zijn, voert een weg met trappen naar boven.
Het laatste stuk is heel inspannend. Onderschat dit niet en neem absoluut water mee. De waterval ligt ten noorden van Patong in de buurt van Flying Hanuman en het Wake Park. Je kunt deze bestemming prima in één dag combineren.

Kamala 🕮 B 8

Meteen ten noorden van het wilde Patong ligt een heel andere wereld. Op het prachtige strand van Kamala is de sfeer uiterst relaxed. Kinderen spelen in het zand, verliefde stelletjes dartelen door de golven, pensionado's laten ontspannen de dag aan zich voorbij trekken ...Hier vind je nog wat op andere plekken een zeldzaamheid is: bars en restaurants pal aan het strand, waar zich het alledaagse Thaise leven afspeelt. En 's avonds worden gewoon alle luikjes omhooggeklapt. Nou ja, bijna alle.

Chillen in de beachbar

Wat een droomvakantie – je volgers op Instagram zullen jaloers zijn. Met een drankje in je hand in de strandtent zitten en simpelweg van de dag genieten. Ga gewoon het strand op en ga zitten waar je denkt dat het leuk is. De keus is enorm! Wij zitten graag bij de eenvoudige **Corner Bar** (8.30-22 uur) in het kleine hoekje bij de brug aan de zuidkant van het strand. Hier heb je het beste uitzicht over de baai, het eten is goedkoop en het bier lekker koud. Bij **Bob's Bar** (9-2 uur) kost spijs en drank wat meer, maar de cocktails zijn lekker. Als je van Bob Marley houdt, zit je hier gebeiteld – het is een en al reggae wat de klok slaat.
In **Café del Mar** aan de noordkant van het strand hangt een hippievibe (10-2 uur). Dit is een klassieke beachclub naar

#8

De 'geheime' baai – **een dagje op Freedom Beach**

In het tijdperk van Google Earth is geen enkele baai meer echt geheim. Toch geeft Freedom Beach dat gevoel. Zin in een boottochtje of een inspannende wandeling? Kom maar mee.

Het feit dat deze baai zo ver van de bewoonde wereld ligt, zo afgezonderd, is natuurlijk de reden dat hij zo weinig wordt bezocht. Het strand is prachtig: fijn, zacht, licht zand en een turquoise zee, omringd door rotsen. De golven zijn hier vaak wat hoger, dus met kleine kinderen is deze baai wellicht een minder goed idee. Aan de rechterkant van het strand kunnen geoefende zwemmers echter prima uit de voeten. Verder kun je hier weinig meer doen dan heel hard relaxen. Soms zie je wat mensen volleyballen, maar dat is dan ook de enige sportieve activiteit die hier aan de dag wordt gelegd. Alhoewel ... Snorkel en duikbril bij je? Dan kun je hier je lol op. Vooral aan de linkerkant bij de rotsen is het prachtig. Je ziet bontgekleurde vissen, koddig bewegende kreeftjes en imposante inktvissen.

Varen of lopen?

Voor de meeste bezoekers begint de dag tegen 8 uur 's ochtends bij de **steiger** 1 van **Patong.** Ondanks de mooie geplastificeerde foto's die de schippers omhooghouden zien veel toeristen een

Zie je jezelf hier al liggen?

beetje op tegen de rit. Want ze worden nat, de boten kunnen nogal schommelen en de motoren maken ontzettend veel lawaai. Maar het is vooral erg leuk om op weg te zijn met deze voor Thailand zo typische boten. Zorg ervoor dat je je zwemspullen al draagt (en pak je mobieltje in een plastic zakje) en je hebt van het water niets te vrezen. En wees niet bang voor het schommelen – de schipper heeft zijn boot volledig onder controle en zal je veilig naar je droomstrand brengen. Is de zee écht te wild, dan zal hij niet eens uitvaren.

Actievere vakantievierders gaan lopen. Ja, je gaat er ontzettend van zweten, maar het is prima te doen. Neem eerst met de scooter het smalle pad achter het **Avista Resort** 2. Op een gegeven moment wordt vanzelf duidelijk dat je alleen nog maar te voet verder kunt. Dus, zet je scooter neer en loop de steile trappen af naar de baai.

Heb je graag wat meer afwisseling, neem dan een scootertaxi naar de voet van de trappen en loop vanhier naar **Freedom Beach** 3. Voor de terugtocht vertrouw je simpelweg op je charmes en de vriendelijkheid van andere toeristen: probeer een ritje op een van de longtails te bietsen.

D
DICHT

Op het voetpad over de heuvel staat een poort die soms op slot zit. Als locals zeggen dat de *access to the beach* gesloten is, dan bedoelen ze deze poort. Je kunt er met weinig moeite overheen klimmen, maar dat kan problemen opleveren aangezien het hier privéterrein is.

INFORMATIE

Het strand is van december tot juni bereikbaar met longtails, anders alleen te voet (tenzij de poort gesloten is). Een retourtje met de longtailboot kost vanaf Patong 1200-1500 baht voor 2 personen (meerprijs voor extra passagiers). Je kunt ook een boot huren in bijvoorbeeld Kata, Kata-Karon en Kamala. Voor een 'spontaan' enkeltje vanaf Freedom Beach betaal je zo'n 200 baht per persoon.

ETEN EN DRINKEN

Cashew 1 is het enige restaurant aan het strand – door die schaarste zijn de prijzen nogal hoog. Maar het is natuurlijk ook die schaarste die zorgt dat het hier zo rustig is. Buiten het hoogseizoen is het vaker gesloten dan open, dus vergeet dan niet voldoende drinkwater mee te nemen.

Uitneembare kaart: B 10

voorbeeld van de beroemde evenknie op Ibiza. De rustieke sfeer wordt gecompleteerd door een chic zwembad. Wanneer de zon ondergaat, klinken er groovy loungeklanken– alsof je op de Balearen bent. Alsof de drankjes niet duur genoeg zijn (*craftbeer* vanaf 250 baht), moet je ook nog flink in de buidel tasten voor wat comfort – 1000 baht voor een ligstoel, 3000 voor een gezellig tweepersoonsexemplaar en 40.000 baht voor een privécabana! Maar staand smaken de cocktails net zo goed. Stijlvol gaat het er ook aan toe in de **HQ Beach Lounge** (9-2 uur) iets verderop. Hier zie je de zon ondergaan onder het genot van een glas goede Schotse whisky en een Cubaanse sigaar. Een strandmatje voor 400 baht is dan een koopje.

ETEN, SHOPPEN, SLAPEN

Stijlvolle oase

Papa Crab Boutique Guesthouse

Eigenaren Koong en Charlie – de een Thais, de ander Duits – hebben iets heel bijzonders gemaakt van dit hotel op een toplocatie. Dat merk je meteen wanneer je, van de hete straat komend, eerst een vijvertje met koikarpers moet oversteken om bij de entree te komen. Daar word je ontvangen in een kleine galerie met werk van lokale kunstenaars. De tien kamers zijn smaakvol, comfortabel en duidelijk met liefde ingericht. Voor een ontbijt moet je de deur uit, maar pal voor de deur is de keuze al enorm.

93/5 Moo 3 Soi Rim, tel. 076 38 53 15, www.phuketpapacrab.com, vanaf € 60

G GOLVEN

De tsunami van 2004 was vooral verwoestend voor Kamala. Een monument pal achter het strand, in het stadspark vlak bij het Kamala Beach Resort, herdenkt de meer dan 10 m hoge reuzengolven.

Voor ieder wat wils

Baan Kamala Fantasea

Populair hotel met niet alleen chique, modern ingerichte tweepersoonskamers, alle met een individuele touch, maar ook een slaapzaal voor backpackers. Het publiek is divers, de locatie *were the action is*. En je bent ook zo op het strand.

74/42 Soi Pajak, Moo 3, tel. 076 27 90 53, www.baankamalaphuket.com, € 50-100, bed op slaapzaal ca. € 15

Familiehotel

Sabina Guesthouse

Dat je je hier meteen thuis voelt, ligt aan eigenaar Sabina en haar familie. Zij zwaaien met veel liefde de scepter over dit eenvoudig ingerichte hotel. Het ligt aan de rand van het stadje en je loopt in vijf minuten naar het strand.

86/11 Moo 3, Rim-Had Rd., tel. 076 27 95 44, € 25-50

Pal aan zee

Hey Ha Bar & Restaurant

Thaise en Europese gerechten (populair: de tonijnsteak met *sauce tartar*) pal aan het strand. 's Avonds soms livemuziek. In de buurt bevindt zich nog een aantal van dit soort restaurantjes.

97/82-83 Kamala Beach, tel. 066 831 75 76 64, 9-22 uur

Eens iets anders

Grill Bill

Een alternatief met een ongedwongen sfeertje voor als je eens geen Thais wilt eten, vooral voor carnivoren. Lekker op de houtskoolgrill bereide worstjes, döner, maar ook pastagerechten.

86/16 Rim Had Rd., tel. 081 397 35 79, 10 uur tot laat, in het laagseizoen vanaf 18 uur

Voor foodies

SILK

Het restaurant van vijfsterrenresort Andara serveert eersteklas Thaise en westerse gerechten in een chique, maar niet te stijve sfeer. Erg goede wijnkaart met meer dan honderd soorten.

15 Moo 6, Kamala Beach, tel. 076 33 87 77, www.andaraphuket.com/dining/silk-restaurant, 7-24 uur

Het zekere voor het onzekere: check waar je heen moet in geval van een tsunami.

Goedkoop en lekker

Isaan Popeye Thai Food

Lokale keuken met prima prijzen en een ruime keus – je wilt vast terug voor hetgeen je nog niet hebt gehad. Lekkere shakes ook.

74/41 Moo 3, tel. 089 056 96 05, 9-22 uur

Gemengde gevoelens

Phuket FantaSea

Enorme show met bijbehorend amusementspark. Met honderden acteurs in prachtige kostuums wordt de geschiedenis van het land op kleurrijke wijze op het toneel gebracht. Er 'werken' hier ook dieren, onder andere veertig olifanten, die avond aan avond moeten optreden. En dat heeft natuurlijk weinig te maken met dierenwelzijn. Een geval van gemengde gevoelens dus.

99 Moo 3, Kamala Beach, tel. 076 38 50 00, www.phuket-fantasea.com, 17.30-23.30 uur, 2200 baht incl. buffet (alleen show 1800 baht)

Surin

B 7/8

Het strand van Surin was sinds de Thaise koning Rama IX er in de jaren 50 met zijn golfclubs zwaaide een speelplaats voor de Thaise 'rich and famous'. Het land net achter het strand werd, hoewel het publiek bezit was, steeds meer volgebouwd – illegaal, door zakenlui met 'connecties'. De bars en restaurants reikten helemaal tot aan het stralend witte zand. Maar in 2014 was het uit met die pret. Na de machtsovername van de militairen kwamen de sloophamers. En zo straalt Surin Beach weer in zijn oorspronkelijke glorie: onbebouwd en omzoomd door schaduwrijke palmbomen is dit een van de mooiste stranden van het eiland.

De rijkelui zijn er overigens nog steeds. De omliggende heuvels staan in de volksmond bekend als Millionaires Row; er staan luxeresorts en dure appartementencomplexen. Voor 'normale mensen' is er een handjevol accommodaties langs de kustweg niet ver van het strand. Maar voor de meeste toeristen – uit binnen- en buitenland– is Surin vooral een plek voor dagtochtjes.

ETEN, SHOPPEN, SLAPEN

Drie minuten van het strand
Benyada Lodge
Schoon, goed verzorgd, vriendelijk personeel en een prima boetieksfeer. Een goede keus als je enigszins voordelig wil logeren in de buurt van Surin Beach. De balkons zijn wel erg klein.
€ 50-120 (inclusief uitstekend ontbijt)

Degelijke kost
The Red Tablecloth
Goede Thaise keuken en een paar redelijke Europese klassiekers (fish-and-chips, spaghetti en dergelijke) voor weinig. Je kijkt uit over de hoofdstraat waar het restaurant iets verhoogd aan ligt. Lekker mensen kijken dus.
13/4 Surin Beach, tel. 083 505 51 36, 8-22 uur

Helemaal top
The 9th Glass
Wijnbar annex chique bistro. Chef-kok Anthony Reynolds, die veel ervaring heeft in het luxesegment, serveert creatieve gerechten. De wijnkaart laat met 160 soorten weinig te wensen over.
106/16 Soi Hat Surin 8, tel. 062 068 00 68, www.the9thglass.com, 16-24 uur

Ruikt en doet goed
Lemongrass House
Ambachtelijke producten voor het welzijn – gemaakt met uitsluitend natuurlijke ingrediënten. De lekker ruikende zeepjes en badzouten zijn leuke souvenirs, het antimuggenmiddel kun je meteen gebruiken. Leuke cadeauverpakkingen voor de thuisblijvers.
10/2 Moo 1 Srisoonthorn Rd., tel. 76 32 55 01, www.lemongrasshousethailand.com, 10-18 uur

Bij het altaar voor de goden worden dagelijks verse geschenken geplaatst.

IN DE OMGEVING

Boot naar het strand

Het kleine, verborgen strand **Laem Singh** (🗺 B 8) ten zuiden van Surin, waarvan de naam 'leeuwenkaap' betekent, is een van de best bewaard gebleven 'geheimen' van het eiland. Een paar jaar geleden was hier overdag nog veel te doen. Er stonden zelfs een paar restaurants. Maar ineens was alles afgelopen – de eigenaar van het omliggende land besloot dat niemand meer over zijn terrein mocht om op Laem Singh te komen. Gek genoeg duurde het best lang voor iemand op het toch best voor de hand liggende idee kwam er simpelweg met een bootje heen te varen ... Het duurde tot begin 2018 voor er regelmatig tussen Surin en Laem Singh werd gevaren. De hele dag vertrekken er longtails vanaf de zuidkant van Surin (100 baht per persoon of 400 voor een 'privéboot' – handig voor gezinnen of als je gewoon niet wilt wachten tot hij vol is). Of de 'dienst' bij het verschijnen van deze gids nog steeds wordt verleend, is niet zeker. Vraag er dus naar bij je accommodatie.

Een (strand)wereld op zich

Het slechts 250 m lange **Pansea-strand** (🗺 B 7) wordt soms aangeduid als Surin North. Het ligt op een steenworp afstand van het hoofdstrand maar wordt ingekapseld door een landtong en aan de lange kant afgeschermd door een steile berg. Het is dus een wereld op zich, waar de rijken der aarde graag onder elkaar blijven. De twee super-de-luxe resorts **The Surin** (www.thesurinphuket.com) en **Amanpuri** (www.aman.com) proberen elkaar te overtreffen met hun faciliteiten en chique uitstraling. Een kamer kost in beide hotels een paar honderd euro per nacht, maar misschien loop je in een van de restaurants of op het strand wel Brad Pitt of Mick Jagger tegen het lijf.

Ao Bang Tao/ Laguna Phuket

🗺 B 7

Er ligt een prachtig strand in de bijna 6 km lange Bang Tao-baai. Maar afhankelijk van het seizoen kan het zelfs aan dit lange strand ontzettend druk worden. Toch is een bezoekje ook dan absoluut de moeite waard, al is het maar vanwege het meestal glasheldere water. Kleine strandrestaurants maken een picknickmand overbodig. Aan de zuidkant is het meeste te doen. Daar is zelfs een klein toeristendorpje ontstaan. Rond de luxeresorts richting het noorden is het vaak rustiger.

In het achterland werd lange tijd tin verbouwd. In de jaren 90 werd begonnen met de herbeplanting van het desolate mijnlandschap en nu is dit gebied een resuachtig toeristencentrum, Laguna Phuket (www.lagunaphuket.com). Dit bestaat uit zeven luxeresorts met parken en een golfbaan. Voor de ingang van dit complex bevindt zich een aantal goede, inmiddels zeer bekende restaurants. Aan het strand vind je een aantal chic-coole beachclubs – volgens velen de beste van het eiland.

ETEN, SHOPPEN, SLAPEN

Chic aan het strand

Outrigger Laguna Phuket Beach Resort

Het is moeilijk te zeggen welke van de zeven luxeresorts in het complex het mooiste is. Maar de Outrigger maakt in elk geval indruk met een te gek, gezinsvriendelijk zwembadlandschap direct aan het strand. En met het neo-klassieke design van het complex is ook helemaal niets mis.

323 Moo 2, Srisoonthorn Rd., tel. 076 36 06 00, www.outrigger.com, vanaf € 125

#9

In de voetsporen van Phukets rijkdom – **tin**

Phuket betekent voor de meeste bezoekers strand, lekker eten en uitgaan. Dat is iedereen natuurlijk van harte gegund. Maar misschien wil je tussendoor ook wat leren over de historie van het eiland – dat rijk werd van de tinmijnen. Neem hiervoor een kijkje in het tinmuseum.

Het **Phuket Mining Museum** 1 bevindt zich zo'n beetje in het midden van het eiland bij Kathu in een voormalig mijngebied. Het dal en het meer voor het museum zijn ontstaan door de tinmijnbouw – ze geven je een idee van hoe massaal dit complex ooit was.

Holbewoners en mijnwerkers

Het grote, roze gebouw is gebouwd in Chinees-Portugese stijl. Het lijkt misschien oud, maar het stamt uit 2007. Vier vleugels omsluiten een grote binnenplaats. De rondgang begint links achter de ingang en voert je eerst door een aantal met Chinese meubels ingerichte vertrekken. Vervolgens leidt een doorgang, vormgegeven als een tunnel in een berg, je ver terug in de geschiedenis van de aarde.

Schrik niet als plotseling een levensgrote holbewoner voor je staat. Wat die met tin te maken heeft, blijft gissen – misschien wil men ermee zeggen dat er al tin was toen de eerste mensen hier rondliepen. Een paar stappen verder beelden net zo levensgrote figuren scènes uit de vroege tin-mijnbouw na. En nog een stukje verderop staat een enorm, zeer gedetailleerd model van een tinmijn. Dit wordt 'bevolkt' door tientallen kleine arbeiders die in de grond hakken, draagstangen dragen en het kostbare metaal uit de stenen wassen.

Van machines werd pas later gebruikgemaakt; een aantal van die angstaanjagend ogende gevaarten staat in de volgende zalen. Displays met uitleg verduidelijken het een en ander. Vooral techniekfanaten smullen van de vele details.

Al aan de maquette is te zien wat een arbeidsintensief proces het verbouwen van tin is.

Historische alledaagsheid in Phuket

De laatste vleugel is gewijd aan het dagelijkse leven van de Thai in de tijd van de tinmijnbouw in de 19e en 20e eeuw. Door het scheepsruim van een jonk bereik je een aantal ruimten waarin allerlei 'gewone' situaties te zien zijn – wonen, werken, spelen. Het is een wandeling door het verleden. Dat zeker niet alles vroeger beter was toont een wassen beeld van een sterk vermagerde man die eenzaam in een hoekje opium ligt te roken.

INFO EN OPENINGSTIJDEN

Phuket Mining Museum 1: Moo 5, Kathu-Nakoh Rd., tel. 081 535 31 87, ma.-za. 9-16 uur, 100 baht, kinderen 50 baht. Het museum is bijzonder geschikt voor **kinderen** – het is een levendige, levensgrote geschiedenisles. In een van de ruimtes liggen rotsen, die kinderen kunnen onderzoeken met een vergrootglas.

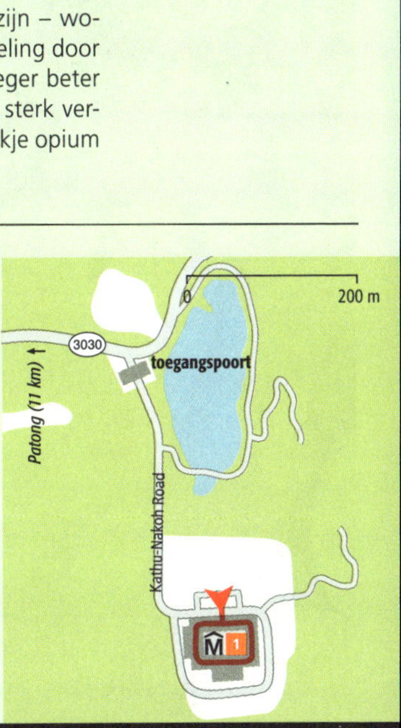

ETEN EN DRINKEN

Zeer on-Thais: geen restaurant, geen eetkraampje. Hier moet je zelf je boterhammen meenemen.

Uitneembare kaart: D 9

Vriendelijk en smaakvol
Bangtao Beach Resort

Intieme tent die wordt gerund door een uiterst vriendelijke familie. Goed gelegen aan de zuidkant van het strand, waar talloze uitgaansgelegenheden zijn. Het zwembad is klein, maar groot genoeg om lekker in af te koelen.

73/3 Moo 3, Soi Ao Bang Tao 2, tel. 090 708 88 85, www.bangtaochalet-phuket.com, € 90-110

Wereldchef
Tatonka

Globetrotter cuisine noemt de bereisde chef-kok Harold Schwarz de heerlijke creaties die hij hier al sinds 1996 op tafel tovert. Probeer eens de pizza met pekingeend of de Thaise bouillabaisse en je weet wat hij ermee bedoelt. Gratis transport voor gasten van Laguna. In de buurt bevindt zich nog een aantal goede restaurants, zowel westers als fusion.

19 Lagoon Rd., tel. 076 32 43 49, 18-23.30 uur

Overal waar je kijkt: seafood.

Lekker campy
Nok & Jo's

Half strandbar, half hobbymuseum met knoestige houten meubels, een verzameling kentekens uit de hele wereld en een hoop andere snuisterijen. Relaxte tent waar je je meteen thuis voelt. Het (Thaise) eten is prima en goedkoop, en wanneer 's avonds de travestietenshow begint, is het één groot feest.

37/1 Moo 3, tel. 081 538 21 10, www.nokandjos.com, 10-1 uur

Burgers van niveau
Benny's American Bar & Grill

De Italiaanse Benedikt De Bellis baat dit rustige, uitnodigende restaurant uit. De sfeer is aangenaam, het eten goed: spareribs, hamburgers, steaks ... Ook de cocktails zijn lekker. Reserveren aanbevolen.

5/14 Moo 3, an der Straße von Bang Tao nach Surin, tel. 080 700 15 09, www.bennysphuket.com, dag. 18-24 uur

Some like it hot
Chilli Kitchen

De Thaise keuken is vaak behoorlijk pittig. Misschien heb je even een gewenningsperiode nodig. Dan is deze tent ideaal, want je kunt zelf beslissen hoe heet je je gerecht wilt. Aanraders zijn de Thaise salades, bijvoorbeeld de *yam nuea* (met rundvlees), en de *larb ped* (gehakte eend met kruiden).

44-46 Lagoon Rd., tel. 085 787 02 20, 14-23 uur

Levende legende
Catch Beach Club

Nadat de trendy club zijn plek in Surin moest verlaten, werd hij hier gereïncarneerd, met behoud van de stijlvolle ambiance. Overdag klinkt er relaxte loungemuziek uit de luidsprekers, 's avonds draaien dj's houseplaatjes en gaat het dak er vaak af.

Bang Tao Beach, tel. 065 348 20 17, www.catchbeachclub.com, 9-2 uur

Een lege hangmat: grijp je kans!

IN DE OMGEVING

Een droom

Op het noordelijkste puntje van de zanderige baai van Bang Tao, **Layan Beach** (🕮 B 6), gaat het er nog relaxter aan toe dan elders. Doe als de locals en zoek een schaduwrijk plekje uit onder de pijnbomen. Of bestel een drankje bij de **Dream Beach Club**, die zijn naam absoluut eer aandoet. Als je een kajak kunt vinden (ze worden soms verhuurd bij de kleine pier aan de noordkant van het strand), kun je helemaal om het voor de kust gelegen kleine eiland **Ko Kala** heen.

Nai Thon 🕮 B 5

Al bezet het Pullmannresort inmiddels een van de heuvels die deze baai begrenzen, het 900 m lange strand is toch nog een van de minst ontwikkelde plekken aan deze kust. Slechts een smalle weg loopt langs het water. Er liggen wat restaurants en winkels aan. Van enig achterland is weinig sprake.

Je kunt hier lekker zwemmen en aan de zuidkant van de baai kun je al snorkelend talloze bontgekleurde visjes zien. Bij het voor de kust gelegen eilandje **Ko Waeo** ligt een wrak van een oude tinbaggeraar – populair bij duikers. Wil je het van dichtbij bekijken? Via **Atus Academy** (www.phuketsunshinevilla.com/en/diving.html) kun je er onder begeleiding heen.

Oldskool

The Angel of Naithon

Een handjevol rustieke houten bungalows rond een zwembad. Veel terugkerende gasten, die de oldskool sfeer waarderen. Eigenaar Mr. Miyos is zoals veel Thai een groot liefhebber van oude Volkswagens. In de tuin staan dan ook tal van fraai gerestaureerde Kevers.

Beach Road, tel. 081 830 96 28, www.angelofnaithon.com, € 40-80

10

De wildernis roept – **jungletocht in de Khao Phra Thaeo**

Onaangetaste natuur is op Phuket nog maar weinig te vinden. Daar hebben de tinmijnbouw en rubberboomkap voor gezorgd. Maar het ís er nog wel! In het nationale park Khao Phra Thaeo in het noorden van het eiland gedijt de natuur nog volledig ongestoord. Tussen het ruisen van de watervallen door hoor je vreemde dierengeluiden door het dichte groen schallen.

Alle kinderen houden van jungletochten.

Met een beetje nieuwsgierigheid kun je hier je eigen persoonlijke jungle-avontuur beleven. Paden voeren van beide ingangen (in het westen en oosten) het dichte groen in. Eerst zijn ze nog makkelijk begaanbaar, maar hoe verder in de jungle, hoe vaker je over grote boomwortels moet klauteren en door beekjes moet waden.

Neem de omweg maar

Van de parkeerplaats bij de west-entree volg je het schild met Tonesai Waterfall Nature Trail. Het pad loopt langs de rivier, borden wijzen op bijzonderheden in de jungle. Wil je maar een kleine wandeling maken, dan kun je nadat je de **Ton Sai-waterval** 1 hebt gezien weer terug (600 m). Maar op de wat langere rondgang (met 2 km ook niet zo inspannend) is meer te zien en kom je dichter bij de natuur.

Vrijheid voor gibbons

Ook vanaf de andere ingang voert een pad langs een rivier de jungle in, naar een waterval – een prachtplek voor een picknick. In het **Gibbon Rehabilitation Center** 2 worden zo'n twintig van die harige aapjes voorbereid op een leven in vrijheid. Het gaat vooral om in beslag genomen exemplaren; een aantal heeft een gedrogeerde 'carrière' in louche bars achter de rug. Je kunt zelf een gibbon 'adopteren': met een gift (vanaf 2100 baht) draag je bij aan zijn verblijf en terugkeer in de natuur.

Gibbons voelen zich natuurlijk een stuk beter in de vrije natuur dan in een bar – waar ze volledig gedrogeerd kunstjes vertonen.

INFORMATIE EN OPENINGSTIJDEN

Vervoer: dagtochten naar het nationale park worden op heel het eiland aangeboden. Als je op eigen houtje gaat, moet je eerst beslissen welke ingang je neemt. Voor die in het **oosten** volg je weg 4027 vanaf het **Heroines Monument** nog zo'n 7 km; dan zie je links de entree. Voor de **westelijke ingang** neem je in Thalang Nuomtoktonsai Road tot de parkeerplaats.
Entree: 200 baht, kinderen 100 baht. Het kaartje is een dag geldig voor beide ingangen.

Gibbon Rehabilitation Center 2: gratis entree, 9-16.30 uur

ETEN EN DRINKEN

Als je niet helemaal back to basic wil door in de jungle wormen en kevers te eten, zul je zelf je lunch mee moeten nemen. Voor de oostelijke entree is wel een **restaurant** ❶, maar dat is meer ingesteld op vooraf aangemelde groepen.

Uitneembare kaart: D/E 5/6

Geen fratsen
Naithon Beach Club
Een chique beachclub als elders op het eiland zul je hier niet vinden. En ook het publiek bestaat hier niet uit hipsters en schoonheden in bikini. Hier zitten 'gewone mensen' te genieten van goede Thaise gerechten en broodjes hamburger. En die worden niet weggespoeld met hippe cocktails, maar met een koud pilsje.
28/5 Nai Thon Beach Rd., tel. 089 474 21 40, 8-23 uur

IN DE OMGEVING

Strandplezier onder de palmen
Bij het beeldschone **Banana Beach** (B 5) kun je heerlijk zwemmen en snorkelen. En oké, elke baai is in principe halvemaanvormig, maar deze lijkt wel erg op een banaan. Zeggen althans de meeste bezoekers. Het restaurant op het strand is top.
vanaf Nai Thon naar het zuiden, langs het Andaman White Beach Resort, een paar bochten later kun je bij het verweerde bord op straat parkeren; je loopt vervolgens naar het strand via een steil pad

Nai Yang B/C 4

Vakantie naast de luchthaven? De vliegtuigen bulderen continu naar en van het slechts 2 km verderop gelegen vliegveld, maar niemand schijnt zich eraan te storen. Het

Een steeds zeldzamer beeld: kustvissers.

valt eigenlijk ook wel mee met het lawaai en het 2 km lange strand is simpelweg te mooi om links te laten liggen.

De ondiepe kust maakt het strand ook geschikt voor gezinnen en zwemmers zijn blij met de kleine golven. Ook hier werd het strand, net als in Surin, 'gezuiverd'. Veel (maar niet alle) winkels en restaurants werden gesloopt. Je kunt vanaf de boulevard nu weer gewoon de zee zien en op het strand zijn tussen de bomen hangmatten gespannen boven het fijne zand.

Verborgen paradijs
Sea Pines Villa Liberg
De twaalf houten bungalows en vier kamers vallen nauwelijks op in het voorbijgaan – zo goed zijn ze verstopt achter een mooi muurtje. De mooie Thaise stijl en het goede management hebben gezorgd voor een prima reputatie. De drie mooie gebouwen achter op het terrein zijn perfect voor gezinnen.
111 Moo 5, tel. 081 814 48 83, www.seapinesphuket.com, € 60-100

Sandwiches en seafood
Direct aan het strand kun je bij **Good View Restaurant** (11-22 uur) terecht voor sandwiches, pizza en pad thai. In de restaurants in de *restaurant alley* erachter gaat het meer om het eten dan om het uitzicht. Bij **Octopus Restaurant** (10-23 uur) staat prima seafood op het menu en **Mr. Köbi's Bar** (9.30-23 uur) adverteert met 'Broken English spoken here perfect.' Dat móét een toptent zijn, toch?

Mei Khao C 3

10 km strand, bijna zonder mensen – dat had je in Phuket vast niet verwacht. Maar het bestaat toch echt, en wel hier, in het noorden van de westkust. Maak eindeloze wandelingen tot bijna op Sarasin Bridge die het eiland verbindt met het vasteland. Of zoek gewoon een lekker plekje en laat de dag loom aan je voorbij trekken …

Voor een lekkere snack kun je terecht bij talloze foodstalls

Er is een reden dat hier nog niet alles is volgebouwd: het strand is eigendom van het **Sirinat Marine National Park** (▸ blz. 74). In sommige jaargetijden komen zeeschildpadden hier om eieren te leggen. Dit is altijd een groot feest voor de locals, die helpen de uitgebroede jonkies hun weg naar zee te vinden.
Aan de zuidkant bevindt zich een aantal accommodaties, voornamelijk in het luxesegment, zoals het **Marriott Mei Khao** (www.marriott.com) en het trendy **Sala Phuket** (www.salaphuket.com).
Goedkoper, maar ook een stuk eenvoudiger, kun je logeren in de **Mai Khao Beach Bungalows** (128 Moo 3, vlak bij het Holiday Inn, tel. 081 895 12 33, www.maikhaobeachroom.com). In het bijbehorende restaurant serveren de vriendelijke mevrouw Ngoy en haar team solide Thaise kost en ijskoude drankjes.

11

Schildpadden en mangroven – **Sirinat Marine National Park**

Ze zijn zo lief, die wezentjes in hun gepantserde huisjes. En vooral als ze nog heel klein zijn, dan smelt iedereen van hun aanblik. Babyschildpadden die voor het eerst op weg zijn naar zee – veel schattiger wordt het niet. In dit park zou je het zomaar kunnen aanschouwen, al moet je daarvoor ook flink wat geluk hebben. Je leert hier in elk geval van alles over de natuur. Want behalve een beschermd gebied is dit park vooral bedoeld om mensen te leren hun omgeving te respecteren.

B
BABY

Eens per jaar, met Songkran, worden gefokte lederschildpadbaby's op een paar stranden in zee gelaten.

Oké, echt spectaculair is dit nationale park niet, maar ook op kleine schaal kun je grote dingen leren. Wat hier duidelijk wordt, is dat niet alles waar we voorzichtig mee moeten omspringen, per se mooi is. En dan hebben we het over de

In het mangrovewoud heerst een mysterieuze, serene stilte.

ga-baai

5

art van de geo-
der kloppen. De
bizar en zo onge-
eral karstrotsen:
spits ... Vormen
it dromen en ver-
en je ergens aan
thedraal, dieren,
ven, legendes –
eraan wat een
eder Aarde toch is.
n door dit prachti-
goed van UNESCO.

ARDIGHEDEN

g Nga is enorm:
kante kilometer en
ten noorden van
et binnenland. Veel-
alleen de ten oosten
n gelijknamige
gesticht nationaal
kante kilometer. De
ijn onbewoond, op
eren na. Overnach-
vat grotere eilanden
'ao Noi. De meeste
en echter slechts
de baai, waar ze
schip komen.

en meer
ai staat bekend om
kleine eilandjes die
. Of zijn het alleen
e kegels? Zelfs het
nkt overdreven voor
meer dan honderd
aantal van deze
eroemd, zoals de Ja-
rmerly known als Ko
d (zie hiernaast). Een
ere zijn, hoewel ze
n, eveneens indruk-
e zitten vol gaten,
kaas, allemaal zijn

ze weelderig begroeid. Fascinerend zijn de bomen die zich langs de steile hellingen omhoog krullen in weerwil van de onvruchtbare bodem. Vanbuiten lijken het alleen maar rotsen te zijn, maar ze verbergen geheimen – van grotten tot stranden.Kijk maar eens naar het eiland **Ko Hong** (🕮 kaart 2, D 5, letterlijk: kamereiland). Eens per dag, als het water laag genoeg staat, heb je ongeveer een halfuur de tijd om door een smalle doorgang 'de berg in' te varen. Het moment dat je de donkere grot uit komt in een zonovergoten kleine lagune, een strandje omgeven door rotsen, is magisch en vergeet je nooit meer. Een ander prachtvoorbeeld van een hong is **Ko Phanak** (🕮 kaart 2, B 5). Je denkt bijna dat het nep is, zó smaragdgroen schittert het water in de verborgen lagune.

F
FILM

De Phang Nga-baai kreeg wereldwijde bekendheid door de James Bondfilm *The Man with the Golden Gun*. 007, destijds gespeeld door Roger Moore, ontdekte hier bij de inmiddels **James Bond Rock** (🕮 kaart 2, B 4) hernoemde rots de wapenfabriek van schurk Francisco Scaramanga (Christopher Lee). Uiteraard blies hij hem op. Van het feit dat de 30 m hoge rotsnaald geen schade ondervond van de explosie, hebben sindsdien honderdduizenden mensen zich vergewist. Waar de bekendste geheim agent ter wereld destijds een volledig leeg eiland aantrof toen hij er met zijn watervliegtuig landde, is het er tegenwoordig een komen en gaan van grote groepen toeristen, die allemaal een selfie willen met de rots. Erg leuk is het hier zodoende niet (meer). Bovendien kun je het natuurlijke schouwspel veel beter van ver af bewonderen.

mangrovewouden die hier de kust beschermen en een uniek ecosysteem vertegenwoordigen. Dus neem de tijd om dit gebied eens nader te bekijken. Een educatief pad in het noorden van het eiland toont je tijdens een wandeling van een uur wat hier allemaal woont. Het dichte **mangrovewoud** wordt doorkruist door een houten wandelpad en is dus met droge voeten te verkennen. Mangroven zijn bomen die gedijen in brak zout water en het land met hun indrukwekkend lange wortels beschermen tegen de golven. In deze bossen leven, in het water en in takken, talloze micro-organismen. Je zult in ieder geval een ijsvogel zien – door zijn lange oranjerode snavel en blauwwitte veren is hij ook voor leken makkelijk te herkennen. In het water ontwaar je soms kreeftjes en vissen.

Stranden en zee

Nu naar het mooiere deel van het park. Het omvat namelijk voornamelijk onderwaterwerelden en stranden: meer dan 70 % van het 90 vierkante meter grote park bestaat uit water. Vooral de twee voor de kust gelegen riffen moeten worden beschermd. Aan land strekt een smalle kuststrook zich aan de westkant uit naar het noorden.

Een paar toeristen struinen over het 17 km lange, ongerepte strand van **Mei Khao** 1, dat eveneens bij het park hoort. Aan deze kust komen eens per jaar ook graag geziene gasten uit zee (helaas steeds minder). De beschermde **lederschildpadden** leggen hier tussen november en februari eieren. De indrukwekkende, tussen de 250 en 700 kg wegende dieren graven gaten, meestal een stuk of negen, waarin ze gemiddeld 110 eieren leggen. Dit gebeurt 's nachts. Laat het vooral aan de experts over de dieren hierbij te observeren en eventueel te assisteren – zij weten wat ze doen. In tegenstelling tot veel soortgenoten kiezen lederschildpadden niet altijd hetzelfde strand voor hun nageslacht. Ze kijken echt naar de aantrekkelijkheid van het gebied. Het moet vooral natuurlijk zijn, ongerept – dan komen ze wellicht volgend jaar terug.

INFO EN OPENINGSTIJDEN

De **Mangrove Walkway** 2 is 6-18 uur geopend. De entree is gratis, maar een donatie is gebruikelijk. Voor het strand van het nationale park geldt een entreeprijs van 200 baht (kinderen 100).

ETEN EN DRINKEN

Geen restaurants of standjes, dus neem je eigen eten en drinken mee. En vergeet niet je afval mee het park uit te nemen!

Uitneembare kaart: B/C 1-4

Eilanden in de om

Is Phuket niet idy
eromheen zetten
bij. Maar niet in e
te druk is. Dan is
want vol met ove
ten. Neem je tijd
een keertje. Dan z
Phang Nga-baai, de droomstranden va
eenzaamheid van Ko Yao Yai en Noi je

Phang N

Kaart 2, B–D 4

**Niet alleen het
loog zal hier sn
omgeving is ech
looflijk mooi. O
klein, groot, pla
die uitnodigen
wonderen. Ze d
denken – een k
een versteend
en herinneren j
kunstenares M
Laat je betover
ge natuurlijk er**

BEZIENSW

De provincie Pha
ze meet 4170 vie
strekt zich uit va
Phuket tot ver in
bezocht is echter
van Phuket geleg
baai, een in 198
park van 404 vie
meeste eilanden
apen en andere
ten kun je op de
Ko Yao Yai en Ko
bezoekers spend
een (lange) dag
met een kajak o

Eilanden, hongs
De Phang Nga-b
de ontelbaar vee
hier uit zee stek
maar rotsen, spi
woord eilandje k
de meeste van d
rotsformaties. E
karstrotsen zijn
mes Bond-rots,
Ta Pu, de rotsna
aantal van de a
geen naam heb
wekkend. Somm
als een Zwitsers

Fotobewijs: de James Bond-rots staat er nog steeds.

Waar geen land was

Op **Ko Panyi** (kaart 2, C 4) is het meest fascinerende niet door Moeder Natuur, maar door mensenhanden gemaakt. Het eiland is bewoond, maar niet door de eerste de beste. Toen de huidige bewoners zo'n tweehonderd jaar geleden vanuit Maleisië hierheen kwamen, was het voor niet-Thai streng verboden land te koloniseren. Dus bouwden de vindingrijke vissers paalwoningen in zee. Zo ontstond een dorp zonder dat er land werd gebruikt – inclusief voetbalveld, wat het dorp beroemd maakte in de sportwereld. Tegenwoordig wonen hier vijftienhonderd mensen, nog steeds op het water. Alleen de moskee en de waterzuiveringsinstallatie staan op vaste grond. Toerisme is de belangrijkste inkomstenbron. Er zijn souvenirwinkels en grote restaurants. Het eten is er matig, een beetje sfeer is ver te zoeken. Da's niet gek natuurlijk: je komt hier om even je maag te vullen en gaat snel weer verder. Wil je je wat meer onderdompelen, boek dan een tour met overnachting. Als het niet lukt via een reisbureau, dan bij Sayan Tours in Phang Nga. De moeder van de eigenaar baat een klein pension op Ko Panyi uit (tel. 076 43 03 48). Waarschuwing: de kamers zijn extreem spartaans en er is hier niks te doen behalve kijken en bekeken worden.

INFO

Vervoer: vanuit Phuket ben je met een minibus in ongeveer 45 min. bij de pier van de dagtochtboten op het vasteland. Vervoer is bij georganiseerde tours altijd inbegrepen. Tips voor vervoer naar Ko Yao Noi en Ko Yao Yai is te vinden in de betreffende hoofdstukken.
Leuk zijn dagtochten die alleen naar Ko Hong gaan, want daar is veel te beleven. Behalve kajakken en een beetje rondlopen kun je er ook op het strand liggen. Maar let op: tijdens veel trips naar de baai bezoek je alleen maar het kleine Ko Hong in de buurt van Phuket. Het 'echte' Ko Hong ligt echter voor de kust van Krabi, een stuk verder weg.

IN DE OMGEVING

Zwemmen in de waterval

Hou je van watervallen? Dan is Phuket misschien niet het beste eiland voor jou – er is nauwelijks een bezienswaardig exemplaar te vinden. In de regio Phang Nga word je echter op je wenken bediend. In **Than Bok Khorani**, (kaart 2, D 4), dat door de locals simpelweg Than Bok wordt genoemd, kun je in het weekend samen met hen genieten van het koele water, want de Thai zijn gek op deze plek. De beste tijd is meteen na de moesson, want dan stroomt het water hier het mooist naar beneden. Het valt over een aantal cascades en maakt onderweg kleine poeltjes, die er heel uitnodigend uitzien. Ten noorden van Krabi ligt ook het **Khao Phanom Bencha National Park** (kaart 2, E 4). Dit staat bekend om zijn grotten en de Huay Tho-waterval, waar je kunt zwemmen in verschillende poelen. De berg die het park zijn naam gaf *(khao* betekent berg) is met zijn 1350 m de hoogste in de regio. De meeste bestemmingen zijn het makkelijkst te bereiken met georganiseerde dagtochten. Het nadeel hiervan is dat je vaak meerdere 'highlights' in één rit afvinkt, wat niet ten goede komt aan de algehele relaxedheid. Met een eigen huurauto is de tocht aan de ene kant spannender, maar aan de andere veel meer ontspannen.

Kamer met rotswand

Home Phang-Nga Guesthouse

Wil je wat meer tijd doorbrengen in Phang Nga-stad? Overnacht dan in een van de zes kamers in dit liefdevol uitgebate pension. Vooral de junglekamer is te gek – een van de wanden is gemaakt van rotsen. Het beste uitzicht heeft de panoramakamer recht daarboven.

Klang Mueang Rd., tel. 081 958 55 38, www.phangnga-guesthouse.com, vanaf € 35

Ko Naka G/H 5/6

De zustereilanden Naka Noi en Yai – vertaald: de kleine en de grote – liggen op slechts 4 km van Phuket. De oostkust van Naka Yai is een 1 km lang droomstrand. Ga liggen en geniet ...

Is je vakantiebudget min of meer onbeperkt? Overweeg dan een overnachting of twee. Het kleine Naka Noi lokt vooral Chinese reisgezelschappen. Waarom?

Ook novicen houden van het water.

Hier is een parelkwekerij, en blijkbaar vinden Chinezen dat razend interessant. Word je raar aangekeken? Dan pas je wellicht niet in het standaardbeeld dat men heeft van de klanten. Maar wat niet is, kan nog komen. Tip: sluit je aan bij een van de Aziatische groepen en laat je de ins en outs van de parels uit de doeken doen.

Luxueus paradijs
The Naka Resort
Van natuurlijke materialen gebouwd, schitterend gelegen – alleen al over de steiger naar het resort lopen, voelt als slaapwandelen. Wie zou niet romantisch willen dineren op het strand van het grotere eiland? Je moet er wel diep voor in de buidel tasten. Dus kun je het je veroorloven, doe het dan, en zo niet: er zijn nog genoeg prachtige eilanden waar je heel wat minder hoeft uit te geven voor een slaapplek ...
Ko Naka Yai, tel. 076 33 79 99, www.thenakaphuket.com, vanaf € 340

INFO

Vervoer: er zijn dagtochten mogelijk naar beide eilanden. Transfer van en naar hotel is altijd inbegrepen. Op eigen houtje kan ook: huur dan een longtail bij de Ao Po-pier aan de oostkust van Phuket. De overtocht duurt ongeveer 15 min. en kost maximaal € 20 per boot.

Ko Yao Yai

kaart 2, C 5-7

Ben je op zoek naar een verborgen pareltje? Is je doel eindelijk weer eens ontspannen, alle stress van je af laten glijden en helemaal niets doen? Dan zou dit weleens dé plek voor jou kunnen zijn. In de schaduw van het grote Phuket aan de ene kant en het veelbezochte Phi Phi aan de andere verstoppen twee kleine eilandjes zich stilletjes en stiekem voor de toeristische massa. Het zijn de twee Ko Yao's.

2 KEER

Er zijn twee Ko Yao's: een kleine en een grote. Op Ko Yao Yai wonen zo'n 5000 mensen, op Ko Yao Noi ongeveer 2700. De meeste zijn soennieten. De moslimvariant, ooit aan land gebracht door Arabische kooplui, domineert hier sinds de 13e eeuw. Dat zorgt voor een heel andere sfeer dan op Phuket, maar als het voor jou geen probleem is een dagje geen varkensvlees te eten en alcohol te drinken, is er niks aan de hand. Let wel op je kleding. Nee, je hoeft geen hoofddoekje op, zeker niet, maar topless zonnen is hier uit den boze en doe als je niet op het strand ligt wat meer aan dan een bikini of een zwembroek.

Vooral de grotere van de twee wordt nauwelijks bezocht. Terwijl Ko Yao Yai, 'het grote lange eiland', echt niet over het hoofd te zien is. Maar goed, jij hebt het gevonden. Geniet van bijna uitgestorven stranden, vriendelijke familiehotels in plaats van grote resorts, leuke restaurantjes en geweldige uitstapjes naar de natuur.

Stranden, baaien, eilandidylle
Of je nu houdt van kleine baaitjes of lange stranden, hier vind je het beide. We beginnen in het zuiden bij een vissersdorp. Hier in de Loh Balay Bay bevindt zich de Lo Jark-pier voor de autoveren van en naar Phuket. Het dorpje is nog altijd eenvoudig en authentiek. Let op de kleding die men hier draagt en pas je aan, ook aan de gebruiken (zie kader). De meeste bezoekers rijden meteen verder naar het noorden, naar het bekendste strand van het eiland, **Lo Paret.** Een mooie plek met fijn zand

12

Kajaktochten – **door de baai van Phang Nga**

Moeten we daar in? Zeker weten? Pff, donker hier, zeg. Kop omlaag! Voorzichtig! En dan: wauw, je zit er middenin. Midden op het eiland, omgeven door steile karstrotsen.

De Phang Nga-baai ervaren betekent kajakken. Ook als je normaal gesproken van het niet-peddelsoort bent, ontkom je er niet aan. Wees niet bang: je wórdt gepeddeld. En mocht je toch de smaak te pakken krijgen, dan kun je de roeispaan altijd nog zelf ter hand nemen en je sportieve inborst tonen.

De hong op

Je wordt opgehaald bij je hotel, naar de pier gebracht en gaat in een bootje zitten. Een uurtje later stap je met z'n tweeën over in een kajak. Er komt ook nog een 'schipper' in je bootje en dan gaan jullie op pad. Door smalle openingen tussen de rotsen, onder stalactieten door (soms angstvallig in de gaten gehouden door aan het plafond hangende vleermuizen), de hongs in. Hier vind je wit zand, vaak ook mangroven, en altijd turquoise schitterend water. Apen slingeren door de bomen en komen soms nieuwsgierig bij je bootje snuffelen. Een minder schattige, maar veel oudere soort leeft in het drassige mangrovebos: de slijkspringer. Vis noch hagedis – een evolutionaire tussenvorm die zich perfect heeft aangepast aan de omgeving.

Met de kano op ontdekkingstocht – een echt avontuur, zeker niet alleen geschikt voor natuurliefhebbers.

Het hele jaar Loy Kratong

En dan gaat de zon onder. Knutseltijd. Van een stukje stam van de bananenboom, een paar bloemen en wat groen worden bloemstukken gemaakt. Net als tijdens het Thaise lichtfeest Loy Kratong moet het donker verlicht worden – deze tocht is immers ook feestelijk. Terug de kajaks in dus, een baai in. Het is doodstil, het water kabbelt zachtjes. Iemand hoest ingehouden, kaarsen worden gereflecteerd door het water, waarin ook algen fluoresceren. En boven fonkelen meer sterren dan je ooit hebt gezien. Heerlijk romantisch!

Op pad met de grote aap

Als je geluk hebt, is de bedenker van de 'peddel-door-de-baai-tocht' John Gray ook zelf mee. Deze man, die omwille van zijn postuur door de Thai Ling Yai (grote aap) wordt genoemd, is uniek. Zijn witte baard, de manier waarop hij ondanks zijn leeftijd en formaat beweegt, zijn gevoel voor humor en zijn liefde voor de natuur blijven je voor altijd bij. Hij ziet elk plastic flesje, elk minuscuul stukje afval – en stopt het in een zak. Hij vraagt om absolute rust. Stil, ingetogen, observerend; zo moet het zijn. Met dat in het achterhoofd heeft hij aan het eind van de jaren 80 ook zijn team samengesteld toen hij als eerste tochten als deze aanbood. Gray zette de maatstaf voor kwaliteit en natuurbescherming.

Ze zien er schattig uit, maar kleintjes als deze hebben ook uiterst vlugge vingers en scherpe tandjes.

INFORMATIE

Niet elke kajaktocht is hetzelfde. Een aanrader is de Starlight-Tour van John Gray (► blz. 128). Dan kun je ook wat langer in je bed blijven liggen, want hij gaat pas 's middags op pad – dan komen veel andere peddelaars alweer terug. Als je tijd hebt en een nacht in een tent op een eenzaam strand helemaal je ding is, kies je voor een tocht met overnachting. Je zult versteld staan!

John Gray's Sea Canoe: 124 Soi 1, Yaowarat Rd., Phuket Town, tel. 076 25 45 05, www.johngray-seacanoe.com. De tochten kosten ongeveer € 100 per persoon, max. 36 deelnemers.

ETEN EN DRINKEN

Check vooraf of snacks zijn inbegrepen bij je trip. Zo niet: inslaan voor je vertrekt.

Uitneembare kaart: kaart 2, B–D 4-6

De mooiste bungalowcomplexen zijn kunstzinnig ingebed in de weelderige natuur.

waar je prima kunt zwemmen. Het plaatselijke hotel ontvangt voornamelijk Chinese gasten en verwent ze graag met bijvoorbeeld karaoke. Hier is 's avonds ook wat meer te doen dan op het rest van het eiland, zodat je ook na 21 uur nog wat kunt eten. Maar kom vooral wat eerder en gun jezelf een drankje met uitzicht op de prachtige zonsondergang.
Iets verder naar het noorden kom je in het kleine, maar fijne **Ao Klong Son.** Hoewel het middels een klein straatje ontsloten is, is het hier altijd heel erg rustig. Nog wat noordelijker ligt de Klong Hia-pier, waar de personenveren van en naar Phuket en Ko Yao Noi aankomen en vertrekken.
Weer iets richting het zuiden kom je bij **Hua Lam Haad.** Een landtong steekt uit in zee – hij markeert het einde van dit als mooiste van het eiland geldende strand. Het heeft zacht wit zand en een meestal kristalheldere zee. Hoor je de bladeren van de palmbomen al ruisen in de wind? Bij eb trekt het water zich flink terug en kun je heerlijk wandelen. Loop naar de plek waar bij hoogwater alleen de zee komt. Je krijgt het gevoel dat je zo naar Ko Yao Noi zou kunnen lopen. Rij verder langs de oostkust richting het zuiden. Veel kleine baaitjes worden nauwelijks bezocht. 'Druk' is het pas weer bij **Ao Sai**, ver weg in het zuiden, een baai met een goudgeel strand, links en rechts rotsen, daartussen de azuurblauwe zee.
Een populaire snorkelplek is **Ao Muong** in het zuidwesten. Je kunt hier vanwege de talloze kleine stenen in het water alleen niet echt lekker zwemmen.

ETEN, SLAPEN, SNORKELEN

Overnachten

Back to basic
Ko Yao Beach Front
Je overnacht het liefst zoals de eerste backpackers hier ooit deden in bamboebungalows zonder faciliteiten? Je hebt niet meer nodig dan een matras, een klamboe en een balkon? Dan kun je hier in een hutje pal aan zee, in een privébaai zelfs, je lol op. Wil je toch een beetje luxe in je spartaanse accommodatie? Er zijn hutjes met airco.
in de buurt van Hin Kong aan de oostkust, tel. 062 242 59 16, www.kohyaobeachfront.com, € 30-40

Met zwembad aan het strand

Thiwson Resort

Een zwembad met uitzicht op zee is toch wel een van de geneugten van het leven. Behalve dat heb je hier de keus uit vijftien ruime bungalows, gebouwd met veel hout en uitgerust met klamboes. De ligging pal aan het strand en de twee zwembaden maken het helemaal af.

Ten zuiden van Chong Lat, tel. 081 956 75 82, www.thiwsonbeach.com, vanaf € 30-100

Rustig en gezellig

Esmeralda View

Populair, door een familie gerund hotel met bungalows op een heuvel. Je kunt via een steiger omlaag naar het strand. Zwemmen kun je daar niet echt lekker vanwege de vele stenen, maar mooi is het er wel. Misschien wel juist omdat het hier wat minder gepolijst is.

oostkust tussen Hin Kong en Hua Lam Haad, tel. 081 867 28 83, € 70-120

Eten en drinken

Fantastisch seafood

Ban Rin Nam Restaurant

Je wacht op je boot, bent halverwege een rondje eiland of hebt simpelweg trek in goed seafood? Dan is dit de plek waar je moet zijn. De vissen komen uit de eigen kwekerij en worden perfect geprepareerd. Ook goede curry's en lekkere shakes, maar geen alcohol.

Klong Hia Pier, tel. 081 956 21 46, 11-21 uur

Vriendelijk en vrolijk

Jikgo Bar

Vooral de vriendelijkheid van de eigenaar heeft ervoor gezorgd dat dit een populaire tent is. De keuken is niets bijzonders, maar de standaardgerechten als pad thai zijn prima, de cocktails sterk en de wifi snel en betrouwbaar.

Nahe Thiwson Resort aan de straat, tel. 076 49 45 13, dag. 11-22 uur

Pittig of niet zo

Chill Chill @ Pai

Van lekker zoet gebak tot avondeten, hier hebben ze eigenlijk alles, zelfs alcohol. Hoe heb je je Thaise eten het liefst? *Pet* (pittig) of *mei pet* (niet zo pittig)? Hoe langer je in Thailand bent, hoe meer chili je aankunt. Leuke sfeer, ook tafels in de tuin.

op de weg naar Hin Kong, tel. 080 038 93 38, 8-22.30 uur

Sport en activiteiten

Wat moet je doen op een eiland dat zo weinig toeristische attracties heeft? Ga op ontdekkingsreis en word een Yao Yai-expert. Er zijn talloze stranden te ontdekken. De meeste zijn prima te bereiken via smalle, maar goed begaanbare wegen en paden. Je kunt hier ook prima fietsen – relaxed en nog milieuvriendelijk ook. Binnen no-time ken je elke baai en heb je een handvol favoriete restaurants. Je weet wie waar woont en hebt misschien wel een wat moeizaam, maar vriendelijk praatje gemaakt met iemand die aan zijn boot aan het klussen of in het veld aan het werken was. De eilanders leven nog voornamelijk van de visvangst, rubberwinning en palmolieproducten.

Snel onder water

Goede omstandigheden om te snorkelen vind je in de **Ao Muong.** Een kogelvis blaast zich voor je neus op en kijkt je meewarig aan – je zult hem toch niets aandoen? Na een korte staarwedstrijd schiet hij ineens weg. Neem je tijd en bekijk de vele vissen die hier rondzwemmen. Vlak bij de kant is al veel te zien. Denk aan een T-shirt, anders word je zelf zo rood als een kreeft.

Heb je zin om écht te duiken? Meld je dan bij **Elixir Divers** (tel. 087 897 00 76, www.elixirdivers.com). Die brengen je met een longtail of speedboot naar duikspots. Je hoeft nooit lang te varen: al binnen 20 min. kun je tussen de vissen zwemmen.

Tip voor snorkelfanaten: huur voor zo'n 3000 baht een longtail en laat je naar de voor de kust gelegen Kai-eilandjes varen. Begin bij de kleinste van het drietal, **Ko Kai Nui** en daarna naar **Koh Kai Nok**. Hier is een strand en kun je zelfs koude drankjes kopen. Vervolgens kun je nog eenmaal het water in bij **Koh Kai Nai.** Als je bent uitgesnorkeld, kun je daar op een fijn strand relaxen.

Met de boot het bos in

Heb je nog geen mangrovewoud bezocht? Dat wordt het tijd. In het zuiden van de oostkust kun je met een roeiboot naar deze geheimzinnige wereld. Een populaire aanbieder is **Zaidy Travel** (tel. 082 818 62 87).

INFO

Vervoer: vanuit Phuket met een **autoveer**. Dit vaart tussen de Jian Warnitt-pier in de buurt van Phuket Town en de Lo Jark-pier op Ko Yao Yai (dag. 8 en 15, vr. alleen 8 uur, 150 baht, auto 100 baht). Longtails varen de hele dag heen en weer tussen Bang Rong op Phuket en de Klong Hia-pier op Ko Yao Yai.

Van de Klong Hia-pier vertrekken tussen 8 en 15 uur ook zo'n beetje elk uur een longtail (70 baht) en een speedboot (100 baht) naar Ko Yao Noi. Een longtail charteren kan natuurlijk op elk moment, voor een iets hogere prijs.

Als je niet zelf rijdt (of het nu met een auto, fiets of scooter is), neem je bij aankomst een van de wachtende songthaews (ook wel bahtbus) of boek je vooraf een taxi. Voor **fietsen** kun je terecht bij je guesthouse (250-500 baht per dag).

Geld: banken zijn er niet op het eiland, wel een paar (niet veel) geldautomaten – die regelmatig leeg zijn. Je kunt dus beter vooraf pinnen in Phuket of op het vasteland. Je kunt in slechts een aantal accommodaties en restaurants betalen met een creditcard.

P
PALMOLIE

Je vindt het bijna overal: in voedsel, in verf, in biodiesel, in dierenvoer. We kennen de beelden van brandend oerwoud, van vluchtende orang-oetans. Deze komen uit Indonesië en Maleisië, waar meer dan 90 % van de wereldwijd gebruikte palmolie vandaan komt. In het zuiden van Thailand worden de oliepalmen aangeplant onder andere omstandigheden. Niet duurzaam, dat zijn monoculturen nu eenmaal niet, maar wel met meer oog voor de omgeving én met fair trade: meer dan 80 % van de olie wordt gewonnen door kleine boeren. Omdat het verboden is bossen te rooien blijft ook het oerbos grotendeels gespaard van boomkap.

Ko Yao Noi

kaart 2, C 5

Het eiland is voor een groot deel landelijk en vooral bijzonder niet-toeristisch. Er is echter verrassend veel te doen: van yoga en thaiboksen via koken tot vogels bekijken en bergbeklimmen ... En uiteraard kun je er ook heerlijk op het strand liggen.

Ook op Ko Yao Noi wonen voornamelijk moslims en ook zij voorzien in hun levensonderhoud met het verbouwen van kokosnoten, rubber en palmolie, met visvangst en door toerisme. Familiebanden zijn hier nog erg sterk. Meestal werkt iedereen mee in het familiebedrijf, inclusief de vriendenkring. De een maakt schoon, de ander repareert. Kan oma goed koken? Prima, daar staat de wok. De (regel)neef verzorgt de dagtochtjes en de buurman verhuurt fietsen ... Inmiddels zijn een paar westerlingen goed geïntegreerd in deze samenleving. Ook zij baten restaurants en winkeltjes uit – en maken

Op Ko Yao is altijd tijd voor een halfuurtje roddelen in de hangmat.

echt deel uit van het eilandleven. Ko Yao Noi doet er veel aan zowel landbouw als toerisme ecologisch verantwoord te bedrijven. In plaats van hun land te verkopen aan de hoogst biedende investeerder, verbouwen de families biologische groente en verzorgen ze met veel liefde hun kokospalmen. Steeds vaker wordt niet alleen verbouwd, maar ook verder verwerkt: kokosmelk, biologische zeep, natuurlijke antimuggenmiddelen worden 'huisgemaakt'. Veel van de groente is voor eigen gebruik, maar wat over is, vindt zijn weg naar de restaurants.

Eén dorp, drie namen

Het grootste dorp **Ban Tha Khai**, ook wel **Ban Yai** (groot dorp) of **Market** genoemd (en ook zo bewegwijzerd), ligt in het zuidwesten. Hier vind je winkels, een postkantoor, banken, het politiebureau en een medische post (tel. 076 59 71 90, 24/7 noodhulp). In het kleinere **Ban Tha Khao** aan de oostkust begint de Hat Klong Jaak, waaraan zich talloze kleine accommodaties bevinden. Het derde dorp ligt in het zuiden en heet **Ban Laem Sai.** De enige 'attractie' hier is de schitterende zonsondergang.

BEZIENSWAARDIGHEDEN

Beachtime!

De stranden zijn de belangrijkste attracties van het eiland. Alleen al aan **Hat Pasai** zou je genoeg kunnen hebben. Het is er werkelijk schitterend. Je voeten in het zand, je blik op de bizarre rotsen voor de kust ... Met vloed kun je hier zwemmen, als het eb is door het ondiepe water wandelen. Was dat een krabbetje dat in je voet kneep? Ach, hij verdedigt zich alleen maar, en je voelt er nauwelijks wat van. Gevaarlijker zijn de kleine stenen die uit het zand steken. Ze zijn soms behoorlijk puntig, dus kijk goed uit waar je loopt. Ook **Hat Klong Jaak** is populair, het lange strand iets ten noorden van Hat Pasai. En dan zijn er nog een heleboel kleine baaitjes om te ontdekken.

De linten aan de longtailboeg zijn aangebracht ter ere van de scheepsgoden.

ETEN, SHOPPEN, SLAPEN

Overnachten

In het hoogseizoen is het eiland erg duur en vaak vol. Het is dan verstandig, zo niet noodzakelijk vroegtijdig kamers te boeken. In het naseizoen hoeft dat niet en kost accommodatie een stuk minder.

Zwembad aan zee
Koh Yao Seaview
Wat begon als een klein onderkomen is uitgegroeid tot een mooi resort met een zwembad en houten huisjes aan het strand. Vriendelijk personeel en een leuke sfeer.
Hat Tha Khao, tel. 081 271 15 35, www.kohyao-seaview-bungalow.com, vanaf € 35

Om de hoek
Sabai Corner Bungalow
Uitnodigende houten bungalows aan het water en in een tuin. Sommige hebben twee verdiepingen en twee grote bedden. Het strand is niet erg mooi, maar op een of andere manier maakt dat hier niet zo veel uit.
Hat Klong Jaak, tel. 076 59 74 97, www.sabaicornerbungalows.com, laagseizoen vanaf € 12, hoogseizoen vanaf € 32

Gezinsvriendelijk
Suntisook Resort
Dit kleine resort met negen houten huisjes is perfect voor gezinnen. De kamers zijn met 56-70 vierkante meter ruim en hebben allemaal zowel een tweepersoons- als een eenpersoonsbed.
Nahe Tha Khao Pier, tel. 076 59 75 89, vanaf € 50

Fairtrade, bio, eco, top
The Island Hideout
Achter dicht groen zijn vier twee verdiepingen tellende huisjes van bamboe en hout verstopt. Je doucht met uitzicht op het regenwoud en slaapt onder een klamboe in een 'open' kamer. Dit avontuurlijke resort is goed doordacht en briljant gemaakt, een

echte jungle-oase midden in de natuur. Het complex is voor 95 % plasticvrij, toiletartikelen als zeep en shampoo zijn 100 % afbreekbaar, de verlichting werkt op zonne-energie en in het restaurant worden heerlijke vegetarische gerechten geserveerd, uiteraard gemaakt met biologische ingrediënten. Er is een klein zwembad en je kunt sparren met een bokstrainer. Daarnaast worden er reiki- en yogalessen en klankschaaltherapie gegeven. Lekker is de cafeïnevrije cola, gemaakt van wortels uit het bos, en de uitbaters zijn bezig met zelfgemaakt bier. Niet goedkoop, maar een *once in a lifetime experience*.

in de jungle bij Ban Yai, tel. 084 645 89 63, www.theislandhideout.com, vanaf € 200

Eten en drinken

Op Ko Yao Noi stikt het van de kleine, eenvoudige foodstalls en restaurantjes zonder fratsen. Daar moet je absoluut een keer (of vaker) eten. Stelregel: waar een tafelkleed ontbreekt, is het top!

Vegan, bio en meer

Faye's Restaurant

Vegetarisch niet duurzaam genoeg voor je? Hier kun je veganistisch eten – er is zelfs vegan kokosijs. Verder kokosmelk recht uit de noot, goede koffie, superlekkere shakes en een leuke sfeer. Plastic zul je hier niet aantreffen.

Ban Yai (bij de kruising), tel. 084 645 89 63, 9-21 uur

Zeevruchten aan zee

Good View Seafood

De rode zon zakt langzaam in zee achter je bord met zeevruchten, terwijl je livemuziek hoort ... Typisch Thais seafoodrestaurant in het zuiden van het eiland.

bij Ban Laem Sai, tel. 089 474 09 19, 11-1 uur

Vers en lekker

Rice Paddy

Vegetarisch, zeevruchten, vlees – hier zijn ze van alle markten thuis. Goedkoop is het niet, maar de ingrediënten zijn vers en vaak biologisch, dus het is elke cent waard. Ze verstaan hier de kunst de normaal gesproken pittige Thaise gerechten speciaal voor westerse smaakpapillen zonder chili te maken, maar toch smaakvol te kruiden.

in het noorden van de Hat Kong Jaak, tel. 076 54 52 55, www.ricepaddy.website, di.-zo. 13-22 uur

Heerlijke noedelsoep

Duck Noodle Man

Goed eten hoeft in Thailand niet duur te zijn. In een zijstraat verstopt ligt dit paradijs voor fans van noedelsoep – en wie houdt daar nu niet van? De tent ziet er niet per se erg uitnodigend uit, maar zoals ervaren Azië-reizigers weten: dat zegt niks over de kwaliteit van het eten. Sterker nog, misschien is het juist wel een pre.

Ban Yai, 10.30-17 uur

Leuke batikdoek? 'Very cheap for you.'

Winkelen

Girl power

Womens Workshop

Sawitree en Fah, zo heten de dames die deze vrouwencoöperatie hebben opgezet. In restaurant Thakhao kun je goed eten en in de winkel ernaast worden onder meer cosmetica op basis van natuurlijke producten en gebatikte spullen verkocht. Wil je zelf wat leuks maken? Laat ze je dan uitleggen hoe je het textiel onder handen neemt met het penseel. Ga gewoon naar binnen om een afspraak te maken.

Ban Tha Khao (am Pier), tel. 076 59 75 58

13

Relaxed op pad – **fietstocht op Ko Yao Noi**

Fietsen, kijken, pauzeren. Langs mangroven en rijstvelden, op een veld met een waterbuffel kletsen, een zoetwaterbron zoeken, zwemmen in zee en tussendoor steeds lekker eten. Tijdens deze fietstocht beleef je Ko Yao Noi in al zijn facetten.

Vertrek in **Ban Yai** 1. Neem de tijd bij het uitzoeken van je ijzeren ros, want je moet er de hele dag op fietsen. Nog even moed indrinken (met koffie, het is nog lang geen borreltijd) bij **Faye's Kitchen** ❶ (▶ blz. 89) of het **Garden Café** ❷ (▶ blz. 96) en dan opstappen en in noordelijke richting fietsen. De weg voert langs rijstvelden en mangroven. Verlaat de verharde weg en fiets lekker relaxed op de smalle weggetjes tussen de velden die de kustlijn volgen. En doe de groeten aan de grazende waterbuffels.

Waterbuffels weten wel hoe je moet relaxen. Volg hun goede voorbeeld en je komt dicht bij een perfecte vakantiedag.

Heilige zoetwaterbronnen

Nu wordt de kust steiler. Hier fiets je weer op het asfalt. Hou de borden in de gaten die wijzen naar de **Holy Springs** 2, al zijn die alleen de moeite waard bij eb. Een blauw bord wijst de weg omhoog over steile trappen. Hou rechts aan en ontdek in het mangrovegebied de kleine zoetwaterbronnen.

De westkust

Weer in het zadel fiets je verder langs de kust. Rechts en links alleen zand en bomen, tot rechts aan de horizon een klein restaurantje opduikt, **Coco Bello** ❸ (11-23 uur). Eindelijk lunch! Je hebt het strand hier meestal helemaal voor jezelf. Wandel eroverheen met een ijsje voor je weer verder gaat, terug naar het zuiden. Bij het vissersdorpje **Ban Tha Tondo** 2 volg je de wegwijzers naar Ban Tha Khao.

Bergetappe en oostkust

Nu moet je op de pedalen staan. Maar maak je geen zorgen, de klim is kort, je mag zo weer afdalen. Je kan het! Rond de haven zijn veel leuke restaurantjes zoals **Thakhao Restaurant** ④. En steeds weer word je gelokt door prachtige stukjes strand – kom zwemmen, kom zonnebaden! Talloze restaurants nodigen uit tot een hapje en een drankje, en ook alle accommodaties hebben een inpandig eettentje of een standje voor de deur. Populair is **Cha Ba Café** ⑤. Wil je voor het donker terug zijn, dan moet je tegen 17 uur weer vertrekken uit Hat Pasai. De rest van het traject is vlak, dus je bent in 30-40 min. weer terug in Ban Yai.

V
VLAKKE RIT

Bang voor de bergetappe? Overnacht dan bij Hat Klong Jaak en fiets in een dag naar het zuiden via Ban Laem Sai via Ban Yao naar Coco Bello en weer terug. De volgende dag kun je dan naar het noorden langs Klong Jaak tot Ban Tha Khao.

INFORMATIE

Fietstochten vanuit Phuket: fietstochten met transport heen en terug worden verzorgd door Amazing Bike Tours (tel. 087 263 20 31, www.amazingbiketoursthailand.asia, di. en do., circa € 80 per persoon).
Op eigen houtje: fietsverhuur bij Eco Island Bicycles (Ban Yai, tel. 086 476 11 43). De goed onderhouden fietsen kosten 200 baht per dag. Verhuurder Khun Pakhorn is verantwoordelijk voor de grote fietskaart van het eiland. Neem die zeker mee, hij kan goed van pas komen als je een keer 'offpiste' bent gegaan.

ETEN EN DRINKEN

Zin in koffie en gebak? Dan kun je terecht in het **Cha Ba Café** ⑤ (boven de Hat Klong Jaak, tel. 087 887 06 25, 9-17 uur). Je zit aan tafels in de tuin of op een halfopen veranda. Ook veel vegetarische en vegan gerechten.

Uitneembare kaart: kaart 2, C 5

Kunst en koffie in de Para Bar.

Zeep, shampoo en kleren
Dodee Shop
Uitbater Joy heeft niet alleen een mooie collectie souvenirs en kleding, ze maakt ook haar eigen natuurlijke cosmetica. In de zeep zitten onder andere ingrediënten van het eiland, de shampoo is op basis van kokosolie die van het vasteland komt.

Ban Yai (bij de kruising), grofweg 9-18 uur

Uitgaan

Livemuziek en feest
Para Bar
Bar voor iedereen die op dit eiland wil uitgaan – zowel locals als toeristen. Soms is er livemuziek, soms gaat het dak eraf. De drankjes en de sfeer zijn sowieso goed.

Hat Klong Jaak, 18 uur tot de laatste gast naar huis gaat

Sport en activiteiten

Boksen als/met profs
Koh Yao Noi Muay Thai Gym
Leren thaiboksen bij een kampioen. In het paradijs. In een baai met een fabuleuze zonsondergang. Dat klinkt best goed toch? Bij deze boksschool in het zuiden van het eiland kun je sterk en fit worden. Jong en oud, man of vrouw, voor trainer Hlukhin, die al op zijn negende begon aan een profcarrière, maakt het geen bal uit. Hij en zijn team brengen je met veel passie alle facetten van muay Thai bij. Je overnacht in het *camp*, in kamers die variëren van spartaans tot mooi en van alle gemakken voorzien. De baai is een ligplaats voor vissersbootjes, dus zwemmen doe je in het zwembad van het camp.

Laem Sai, tel. 084 746 38 61, www.phuket-krabi-muaythai.com, pakketten (kamer, boksen, eten) vanaf 10.000 baht per week

Kruiden uit de tuin
Mina's Cooking Classes

Aan de rand van Ban Yai kun je bij Mina met maximaal 3 anderen leren koken in een traditioneel houten huisje. Alles klopt hier. Het is professioneel, maar laagdrempelig, je staat er middenin in plaats van langs de zijlijn. Het koken vindt plaats bij zonsondergang met uitzicht op de rijstvelden en de zee. Pluk kruiden in de tuin, snij wortels en gember en laat de wok sissen. Als je geluk hebt, laat Mina je zien hoe je kokosmelk uit een kokosnoot kunt persen. Er wordt veel gelachen en achteraf geniet je van je eigen kooksels en die van je klasgenoten. Cursussen van klassiek Thais tot vegetarisch. Ook speciale lessen voor kinderen.

in het noorden van Ban Yai, tel. 087 887 31 61, www.minas-cooking-classes.com, vanaf 1600 baht per persoon

Yoga aan het strand
Island Yoga

Yogaliefhebbers komen dagelijks bij elkaar in de zogenaamde *Drop in Classes*. Er wordt ook Thai Chi gegeven. Veel deelnemers logeren in de bij het retreat behorende nature lodge in een bed op een slaapzaal of in een van de aangename bungalows. Voor beginners zijn er cursussen van 3, 5 en 7 dagen.

Hat Tha Khao, tel. 087 387 94 75, www.thailandyogaretreats.com

Ahn en Honey
Bergbeklimmen

Beide kennen de meer dan honderdvijftig routes als hun broekzak en zijn ideale partners voor het organiseren van individuele klimtochten. Ze vinden exact de juiste rotsen voor je, op jouw niveau. Een aantal trajecten is lekker makkelijk, geschikt voor beginners. Andere zijn extreem genoeg om ook zeer ervaren bergbeklimmers uit te dagen. Het uitzicht vanaf de toppen maakt alle moeite helemaal goed.

Ahn tel. 092 027 69 49, Honey tel. 081 085 92 98

Mangrovefluiters en pitta's
Vogelsafari met Bang Bay

De imposante neushoornvogel en de schattige blauwe ijsvogel ken je. Maar heb je ooit gehoord van de mangrovefluiter en de pitta? Bewonder de wijze waarop zeearenden rond de toppen van bomen cirkelen en zie tal van andere voor ons uitheemse vogelsoorten. Bang Bay neemt je mee op expeditie in een compleet andere wereld.

tel. 084 848 51 12

Schatzoeken
Boottocht met Bang Alek

De boot in en een schat zoeken. Meedenken, raadsels oplossen, de omgeving verkennen ... Da's leuk, en niet alleen voor gezinnen met (kleine) kinderen. Ook als je een 'gewone' boottocht wilt maken, ben je bij Bang

S
SAPPIG

Het is vroeg. Heel vroeg. Eigenlijk is het nog nacht. Uitgerust met een kleine sikkel trekken de arbeiders van boom naar boom. Een met chirurgische precisie geplaatste snee en uit de bast druppelt het sap waarvan autobanden, gummen en condooms worden gemaakt. Hoewel steeds meer boeren hun **rubberbomen** opgeven ten faveure van oliepalmen, staan er nog genoeg, vaak met verse incisies waaruit kleverig wit hars loopt. Het sap wordt opgevangen in halve kokosnootschalen, verzameld, gefilterd, met zuur behandeld, tot matten geperst en komt dan als natuurlijk rubber op de markt. Omdat de rubberteelt vaak niet meer genoeg oplevert, worden steeds meeer bomen geveld; op hun plek worden olie- en kokospalmen geplant.
Bang Muhien laat je op zijn boerderij in Nam Jued zien hoe rubber gewonnen wordt. Gewoon langskomen en naar hem vragen.

14

Een droomstrand – **Ko Racha**

Zand als poedersuiker, zo oneindig zacht dat het knispert als je eroverheen loopt, en een glinsterende turquoise zee. De Ao Bantok op Ko Racha, zo'n 20 km ten zuiden van Phuket, is een absoluut droomstrand.

Neem de tijd en blijf hier zeker een nacht. Dan zie je naast mensen ook wat van het eiland. Er komen hier elke dag alleen al uit Phuket honderden gasten. Er wordt professioneel gesorteerd: rode bandjes voor deze familie, blauwe voor die groep ... Dan wordt de snorkeluitrusting verdeeld en hup, de zee in. De speedboten raggen in een klein halfuur naar het eiland. De steiger staat vol mensen, de zee ook en het strand is sowieso mudjevol. Maar jij doet alsof je nergens iets van merkt en wandelt op je dooie gemak naar je eigen bungalow.

Op Ko Racha kun je volledig ontspannen – zeker wanneer de dagjesmensen weer naar hun resorts zijn vertrokken.

Snel weg van het hoofdstrand

Slenter over de smalle zandpaden, omzoomd door kokospalmen, over het eiland naar kleine baaitjes. Verdwalen is hier nauwelijks mogelijk. Groet de luie ossen die verkoeling zoeken in de modder. Midden op het eiland ligt een klein dorpje waar je prima wat kunt eten.

Rond 15 uur varen de eerste boten terug. Geniet bijna alleen van de uitgestrekte **Ao Siam** 1. Een uurtje later is het zover: de **Ao Batok** 2 wordt leger en leger. Grappig om te zien hoe de gidsen hun schaapjes bij elkaar roepen. Er is altijd iemand kwijt, iemand moet altijd even terug voor een vergeten zonnebril of pet. Het is een wonder dat er nooit iemand wordt achtergelaten.

Eindelijk weer een echt droomstrand

Nu begint jóúw tijd op het strand en in zee. De paar overnachtende gasten lopen elkaar niet in de weg. Geniet op een ligbedje van de laatste zonnestralen of in het restaurant van het uitzicht op de uitgestorven baai. En 's morgens niet te lang uitslapen. De eerste paar uurtjes heb je de twee riffen links en rechts van de baai voor je alleen. De schorpioenvissen, murenen en barracuda's zijn net als jij gek op de stilte voor de storm. En dan komen ze weer, de boten. Eerst een, dan twee, dan drie ... Pak je spullen in en vaar vanmiddag mee terug. Of beter: blijf nog een nachtje. Tegendraads zijn is bijna nergens zo lekker als hier.

INFORMATIE

Vervoer: vanaf elk hotel op Phuket met een tour (2000 baht). Op afspraak word je dan een of enkele dag(en) later weer opgepikt. Vanaf Rawai kun je een longtail charteren. De boot terug wordt geregeld door het personeel van de **Pad Thai** (zie rechts).

Accommodatie: de baai wordt gedomineerd door het chique resort **The Racha** 1 (www.theracha.com, vanaf € 340). Rustig is het **Racha Island Resort** 2 (www.rachaislandresort.com, vanaf € 250) in de Ao Siam.

Een spartaanse tip is het **Bungalow Raya Resort** 3 aan de noordkant van de baai. Daar slaap je in een stenen bungalow met airco of een houten hutje met ventilator. Zeer eenvoudig, maar deels met een prachtig uitzicht (Ao Bantok, tel. 081 676 59 95, www.rayaresort.net, € 36-95).

ETEN EN DRINKEN

Pad Thai 1 (tel. 081 396 85 45) in het dorp heeft vers fruit, shakes, sandwiches, seafood en natuurlijk gebakken noedels. Gerechten circa 200 baht. In het restaurant van het Bungalow Raya Resort kun je lekker (maar best prijzig) dineren met een fantastisch uitzicht over de baai.

LEREN DUIKEN

Wil je je duikbrevet halen op een prachtplek met niet te veel medestudenten, of gewoon een dagje duiken, doe het dan hier. **Raya Divers** 1 heeft een erg goede reputatie (www.rayadivers.com).

Uitneembare kaart: kaart 2, B 8

Alek (of gewoon Alex) aan het goede adres. Hij is meestal te vinden op het strand van Pasai. Tenzij hij aan het varen is natuurlijk. Maar dan zie je wel ergens zijn informatieboekjes liggen.
tel. 081 968 75 93

INFO

Het **Garden Café & Tour** aan de hoofdstraat in Ban Yai geldt als officieus toeristenbureau (tel. 076 59 70 87).
Vervoer: longtails naar Ko Yao Yai vertrekken om 7 en 15 uur bij de Manoh-pier (50 baht). Tussen 6.30 en 16 uur vaart er ook zeven keer een speedboot. Er knetteren ook rechtstreekse longtails naar Phuket (7.30 en 13.30 uur, 45 min., 150 baht per persoon). De negen speedboten die tussen 6.30 en 16.40 uur vertrekken, doen een halfuur over de trip (200 baht per persoon).
Op het eiland: de meeste bezoekers huren een scooter of fiets. Songthaews brengen je voor 70-100 baht van de pier naar je accommodatie en terug. Een uitstapje kost met een busje voor zo'n tien personen 250 baht per uur. Fietsen zijn in Ban Yai te huur bij Eco Island Bicycles (▸ blz. 91).
Geldautomaten vind je in Ban Yai.

Ko Phi Phi

kaart 2, D 7/8

Hagelwitte, halvemaanvormige stranden, kalksteenmassieven, jungle, in de wind heen en weer wiegende palmbomen ... Maar hoe lang nog? Op Ko Phi Phi geldt nog meer dan elders: probeer je ecologische voetafdruk zo klein als mogelijk te houden. Want deze plek heeft echt 'andere' bezoekers nodig, mensen die iets willen doen aan het grote probleem van overtoerisme.

Phi Phi is een uit zes eilanden bestaande archipel – ze maken als parels in de Andamanse Zee deel uit van een groot nationaal park. Dagjesmensen komen naar Phi Phi Le en Ko Mei Pai (Bamboo Island). Ko Yung, Bida Nok en Bida Nai zijn populair bij snorkelaars en duikers, en als je hier wilt overnachten, kom je naar Phi Phi Don.

Ko Phi Phi Don

kaart 2, D 7/8

Het is hier dan wel autovrij, rustig is anders. Levendigere, actievere eilanden zijn er in de wereld nauwelijks te vinden. Ko Phi Phi is een van de party-eilanden van Thailand. Maar geen paniek: ook als je rust zoekt, ben je hier aan het juiste adres.

Met slechts 28 vierkante kilometer is die kleine eiland het grootste van de archipel – en het enige bewoonde. Het is de moeite waard hier twee nachten door te brengen. Want pas wanneer de laatste boot met dagjesmensen aan de horizon verdwijnt, kun je het eiland beleven in al zijn contrasten.

Het eilanddorp en zijn stranden

Het dorp **Ban Laem Trong** (ook Ton Sai Village genoemd) met zijn haven is levendig en verwarrend. Maar nadat je een of twee keer kriskras door de straten hebt gelopen, weet je min of meer de weg. Je vindt hier duikscholen en reisbureaus, supermarkten, restaurants en accommodaties. De twee aangrenzende stranden, Ao Ton Sai in het zuiden en Ao Lo Dalam in het noorden, worden slechts gescheiden door een kleine landtong. In het dorp en aan de Ao Lo Dalam klinkt de beat en danst de toerist. 's Nachts, wanneer de families en de dagjesmensen weg zijn, begint hier het openluchtfeestje van de jonge backpackers. Met goedkope drankjes, vuurspuwers, veel blote huid en luide muziek. Als je voor 3 uur wilt slapen, kun je beter overnachten bij een ander strand. In het oosten bijvoorbeeld, op Hat Hin Khom. Daar wordt ook wel gefeest, maar minder lang en luid.

Een droom: het uitzicht vanaf het Phi Phi Viewpoint.

Rustige stranden aan de zuid- en oostkust

De baaitjes op de weg naar Hat Yao worden samen **Viking Beach** 1 genoemd. Daarna komt Hat Yao, **Long Beach** 2, slechts een paar minuten met de longtail of 10 min. lopen. Hier ben je gevoelsmatig heel ver weg van de drukte, maar toch ook dichtbij.
Een voetpad voert naar het afgelegen **Hat Moo Dee** 3, waar helaas veel afval wordt achtergelaten. **Dan Ran Ti** 4: fijn wit zand, een winkeltje, een bar en daarvoor koraal en vissen. Een mooie dagtocht voert je te voet van Viewpoint 3 in 30 min. naar het strand eronder. Terug kun je met een longtail (200 baht). De weg naar Ao Phak Nam, **Relax Bay** 5 is wat langer. Hier bevindt zich slechts één resort en is het nog veel rustiger.
Verder naar het noorden ligt het 800 m brede **Ao Lo Ba Kao** 6. Ook hier is niet veel te beleven. Het strand wordt 'gedeeld' door een paar resorts en de hier levende vissers – let er een beetje op dat je niet te bloot door de

P POPULAIR

Moslimvissers uit Maleisië vestigden zich in de jaren 40 op Phi Phi Don. Ze visten en verbouwden kokosnoten. Aan het eind van de jaren 80 kwamen de eerste backpackers. Aan het einde van het millennium, toen de film *The Beach* met in de hoofdrol Leonardo DiCaprio Maya Bay tot het ultieme drop-outstrand verklaarde, werd de stroom toeristen onhoudbaarder. 'Daar móét ik heen!' denken sinds die tijd duizenden mensen – per dag! In 2004 overspoelde de tsunami het eiland. Hij nam meer dan 80 % van de huizen op Phi Phi met zich mee en maakte achthonderd dodelijke slachtoffers, onder wie veel toeristen. Tegenwoordig ontdekken steeds meer Chinezen Thailand, en ook zij zijn dol op Ko Phi Phi.

De keerzijde van toerisme: het afval, dat hier netjes wordt gescheiden.

omgeving wandelt. In het dorp bevinden zich kleine restaurants, een duikschool en winkeltjes; alles nog heel authentiek. Je kunt vanhier prima naar andere stranden wandelen. Een leuke route, zij het wat lang, is die naar Hat Laem Thong. Het **Golden Beach** 7 genoemde, circa 700 m lange strand is een wit paradijsje – al is het er overdag wel wat druk met dagjesmensen. Hier is ook het vissersdorpje **Chao Le** 8.

A
AFVAL

25 ton afval wordt op Ko Phi Phi 'geproduceerd' – elke dag! Deze massa de baas blijven, is nauwelijks mogelijk. Maak gebruik van het aanbod om je waterflessen te hervullen en vermijd waar mogelijk plastic afval. Neem een keertje deel aan een *beach clean-up*, al is het maar een uurtje, en neem een boodschappentas mee naar de supermarkt.

Rustige stranden aan de westkust

Relatief goede voetpaden voeren van Ao Lo Ba Kao ook naar **Ao Lah Nah** 9 en aan de westkust naar **Ao Nui** 10. Hier vertellen duikers en snorkelaars steeds weer dat ze indrukwekkende reuzenmosselen doopvontschelpen hebben gespot. Liefhebbers van het betere wandelwerk die ook niet opzien tegen een stukje klimmen worden helemaal blij van de weg tussen Ao Lo Ba Kao en Ao Lo Dalam. Een andere tip zijn kajaktochten (op eigen houtje) vanaf Ao Lo Dalam de Ao Nui in.

Bij de wilde apen

Per boot kun je via de Ao Yong Kasem naar **Monkey Beach** 11. Het circa 100 m brede, mooie strand met wit zand is makakenterrein. Pas op: als de harige strandbewoners niet krijgen wat ze willen, worden ze snel agressief. De schattige aapjes veranderen dan in onopgevoede, verwende kleuters – maar dan met spitse tanden en scherpe klauwen. De dieren zijn dan wel vrij, wild zijn ze bepaald niet (op hun agressieve inborst na dan). Van enige schuwheid is geen sprake en ze leven niet van jungle- maar van junkfood. Dat dit niet gezond is, weten we van langdurige menselijke experimenten.

Beste uitzichten

Een smal streepje land, rechts en links daarvan twee stranden, op de voorgrond een blij kijkend persoon, eventueel met een V-teken, in de juichstand of met een duckface ... Op Ko Phi Phi Don is de beste plek voor zo'n selfie **Viewpoint 2** 12 boven Lo Dalam. De weg erheen (langs het niet echt boeiende Viewpoint 1) is ook de moeite waard als je géén Instagram hebt. Je vertrekt in het dorp en volgt gewoon de borden naar **Viewpoint 3** 13. Denk eraan: de islamitische eigenaar van het terrein (entree 30 baht) verbiedt alcohol op zijn land en confisqueert zonder pardon alle smokkelwaar.

ETEN, SHOPPEN, SLAPEN

Overnachten

Zolang je niet op elke euro hoeft te letten, heb je hier meer dan genoeg keuze, ook in het hogere segment: op Phi Phi staat een aantal van de mooiste strandresorts van Thailand. Als het wat eenvoudiger mag wezen en je hebt niet gereserveerd, ga dan naar het huisje op de pier. Even bellen, en als er wat vrij is, word je opgehaald. Lekker makkelijk.

Puur natuur

Viking Nature Resort 1

Resort waar je meteen verliefd op wordt. Het ligt op een kleine landtong aan de rand van het bos tussen Hat Hin Khom en Hat Yao. Liefdevol ingerichte bungalows, dicht bij de actie, maar voor je gevoel mijlenver van de luidruchtige beschaving. Heerlijk is ook de kleine baai waaraan het weinig bezochte Viking Beach ligt.

Viking Beach, tel. 081 930 88 66, www.vikingnaturesresort.com, € 50-120

Centraal, maar rustig

Andaman Legacy 2

Driesterrencomplex aan de rand van het dorp bij Hat Hin Khom. Kamers en bungalows. Spullen in de kluis en hop, het zwembad in. Of toch liever meteen naar zee?

Ao Ton Sai, tel. 075 60 11 06, www.phiphiandamanlegacy.com, € 50-100

Happy family bij Longbeach

Paradise Pearl 3

'Zijn ze al weg?' vragen je kinderen ongeduldig. Tja, ze hebben het ook zwaar, de hele dag in het zwembad. Maar rond 16 uur gaan de dagjesmensen weg en hebben de eilanders – waar jullie een paar dagen bij horen – het mooie strand weer voor zichzelf. Houten en stenen bungalows, grote kamers.

Hat Yao, tel. 076 35 53 56, www.phiphiparadisepearl.com, € 70-120

Zoek rust in het Viking Resort.

Ecologisch én luxueus

Zeavola 4

Dit resort is niet alleen een van de mooiste, het werd in 2015 ook uitgeroepen tot meest duurzaam uitgebate ter wereld. Dat heeft helaas wel zijn prijs. Maar als geld geen rol speelt, is dit de beste keuze.

Hat Laem Tong, tel. 075 62 70 00, www.zeavola.com, naseizoen vanaf € 150, anders vanaf € 380

Eten en drinken

Klein en fijn

Aroy Kaffeine 1

Niet alleen het eten is hier goed, ook de sfeer is top. Klein en gezellig én een oase van rust. Relax en neem vooral de tijd, dan geniet je nog meer van wat ter tafel komt.

Ban Laem Trong, tel. 095 257 54 52, 9-21 uur

Drijfhout

Sunflower Beach 2

Deze relaxte, liefdevol ingerichte bar helemaal in het oosten van Lo Dalam is een populaire hang-out aan het begin van de avond. Jong en oud komen hier om de dag uit te luiden met een biertje of cocktail en goed Thais eten – en uitzicht op zee natuurlijk. Je kunt aan tafels zitten of nog even het strandgevoel vasthouden in een hangmat. Ook mooie kamers.

Ao Lo Dalam, tel. 080 038 33 74, 11-23 uur, kamers vanaf € 40

Goed en goedkoop

Food Market 3

De islamitische markt gaat in alle vroegte open, als nog nauwelijks een toerist wakker is. Vanaf 6 uur kun je hier allerlei heerlijkheden kopen voor slechts een paar baht. Slenter lekker rond en volg vooral je neus.

Noedels tot en met

Only Noodles 4

Fastfood op z'n Thais betekent: ingrediënten de wok in, laten sissen, klaar. Het favoriete gerecht van het gros van de toeristen is de traditionele pad thai.

KO PHI PHI DON

Bezienswaardig

1 Viking Beach
2 Long Beach
3 Hat Moo Dee
4 Ran Ti
5 Relax Bay
6 Ao Lo Ba Kao
7 Golden Beach
8 Chao Le
9 Ao Lah Nah
10 Ao Nui
11 Monkey Beach
12 Viewpoint 2
13 Viewpoint 3

Overnachten

1 Viking Nature Resort
2 Andaman Legacy
3 Paradise Pearl
4 Zeavola

Eten en drinken

1 Aroy Kaffeine
2 Sunflower Beach
3 Food Market
4 Only Noodles
5 PP Red Tuna Restaurant & Hut

Winkelen

1 One Art Gallery
2 Ko Phi Phi Art Gallery

Uitgaan

1 Slinky
2 Chill Out
3 Stones Bar
4 Apache Beach Club
5 Carpe Diem
6 Reggae Bar

Sport en activiteiten

1 Pum's Cooking School
2 Phi Phi Climbers

Bamboo Island
0
150 m
Tsunami Memorial Park
Ao Lo Dalam (Black Bay)
moerasland-biotoop
Viewpoint
Phi Phi Hospital
Ao Ton Sai
Laem Trong
Hat Laem Thong
Ao La Nah
Ao Nui
Nui Beach
Ao Lo Bakao
Ban Ko
Ko Nai
Phi Phi Relax Beach Resort
Ao Pak Nam
Relax Beach
Ao Ran Ti
186 m
Ao Yong Kasem
Ao Lo Dalam (Black Bay)
Viewpoint 1
zie kaart boven
Ban Laem Trong (Phi Phi Village)
313 m
Ao Moo Dee
Ton Sai Tower (klimrotsen)
Ao Ton Sai
Hin Khom Beach
Hin Taak (klimrotsen)
Long Beach (Hat Yai)
Ao Poh
Ao Wang Lang
Ko Nok
Shark Point
0
2 km
0
5 km
Ko Yung (Mosquito Island)
Ko Mai Phai
Ko Phi Phi Don
Ban Laem Trong
zie grote kaart
Ko Phi Phi Le
Ko Bida Nai
Ko Bida Nok

Dit kleine restaurant opereert volgens het foodstallprincipe: alleen noedels, altijd goed.
Ban Laem Trong, 10-21 uur, pad thai vanaf 60 baht

Budget in Ban Kao

PP Red Tuna Restaurant & Hut 5
Verse vis, superpittig of wat milder gekruid – zeg maar hoe je hem bereid wilt hebben. Ook de hutjes uit de naam van deze tent zijn relatief goedkoop.
Ao Lo Ban Kao, tel. 090 408 41 00, restaurant dag. 9-22 uur

Winkelen

Een winkelparadijs is Phi Phi Don bepaald niet. Er zijn en hoop kledingkraampjes, maar geen enkele is echt de moeite waard voor shopaholics. Leuker is een bezoekje aan een van de ateliers annex galeries in Ban Laem Trong. Zie je iets interessants hangen? Koop het gerust, je hoeft niet bang te zijn dat je de rest van de reis met een houten lijst met inhoud moet rondlopen. Het schilderij zal er vakkundig worden uitgehaald en opgerold. Een koker is een stuk handzamer, niet? De **One Art Gallery** 1 (www.oneartgallery1.com) is geopend zolang de kunstenaars schilderen. Wilde je altijd al een olieverfportret van jezelf? Dan is dit je kans. Je hoeft niet eens urenlang te poseren. Laat gewoon een foto achter en haal je schilderij later op. Misschien is dit wel het begin van een indrukwekkende portrettengalerij. De kunstenaars die exposeren in de **Koh Phi Phi Art Gallery** 2 (tel. 083 181 69 15, 9-23 uur) zijn niet bepaald zuinig met kleur. Hier zijn veelal bonte schilderijen te zien. Olifantenliefhebbers zullen hier keuzestress hebben – hier zijn zo veel leuke, schattige, grappige en o zo kleurrijke dikhuiden op het doek vereeuwigd!

Uitgaan

Al om een uur of acht begint het feest in Ao Lo Dalam, in het dorp en bij Hin Khom. Het volume gaat omhoog, de speakers beginnen te dreunen, de fluorescerende staafjes worden uitgedeeld en emmers whiskey en cola klaargezet. Overal schalt techno en electro uit de boxen: bij **Slinky** 1, de **Chill Out** 2,

Of kattenyoga ooit echt een trend wordt, zal de tijd leren.

de **Stones Bar** 3, de **Apache Beach Club** 4 ... Heb je de dag geplukt? Dan kun je hem uitluiden in de **Carpe Diem** 5. Geniet van de vuurshows en dans op het strand. Meestal gaat het hier door tot een uur of drie in de ochtend. Een leuk alternatief is de **Reggae Bar** 6. Behalve luisteren naar relaxte klanken kun je hier ook stevig op de vuist. Niet in een *bar fight*, maar in de ring – vanaf 22 uur wordt hier gebokst. Als je durft, mag je ook een rondje. De winnaar krijgt een emmer drank. Gratis entree, maar een drankje is verplicht – tenzij je de ring in stapt.

Sport en activiteiten

De riffen van de Phi Phi-archipel zijn, hoewel ze al beschadigd zijn, een hele ervaring. Dus: masker op en snorkelen maar. Of voor een nadere blik: duiken. Er zijn meer dan twintig aangewezen duiklocaties. Met een beetje geluk zie je roggen, reuzenmanta's, koraalduivels en zelfs zeeschildpadden.

Kajaktochten

Aan de peddel, klaar, start! Het is behoorlijk inspannend, maar erg mooi. Tijdens een kajaktocht bepaal je zelf het tempo én waar je heen gaat. Vaar bijvoorbeeld in 4-6 uur van Ao Lo Dalam naar Ao Nui en terug. Onderweg wachten kleine grotten en minibaaitjes om door jou ontdekt te worden. Ook bij Ran Ti kun je kajakken huren. Denk er niet te veel over na, maar huur een exemplaar en peddel erop los. Vergeet alleen niet genoeg proviand mee te nemen. En je snorkel natuurlijk.

Koken als een prof

Pum's Cooking School 1

Na een paar weken elke dag dat heerlijke Thaise eten kun je natuurlijk niet meer zonder. Het wordt dus tijd dat je het zelf leert bereiden. Is een hele dag in de keuken staan niet jouw ding, neem dan deel aan een snelkookcursus van Pum's. Voor 300 baht leer je in een halfuurtje één gerecht maken. Dat je vervolgens uiteraard mag opeten. Ben je op de gezonde tour? Een speciale *healthy course* behoort ook tot de mogelijkheden. Vergeet niet vooraf het bijbehorende restaurant te bezoeken, zodat je weet wat het lekkerste is en wat je wilt leren koken. Deze school is een filiaal van die in Patong op Phuket (▸ blz. 58).

Ban Laem Trong, tel. 081 521 89 04, www.pumthaifoodchain.co.th, 11-22 uur

Klimparadijs Phi Phi.

Naar grote hoogten

Phi Phi Climbers 2

Nee, je zult niet ineens als een aap een rots op kunnen klauteren, maar het begin zal er zijn. Iets meer dan € 30 kost de 2 uur durende, eenvoudige proefklim. Wil je hogerop? Boek dan de driedaagse cursus. Ervaren alpinisten gaan een halve dag met een gids de berg op of huren hier simpelweg materiaal om op eigen houtje naar hoger sferen te klimmen.

Ban Laem Trong (bij het waterreservoir), tel. 063 102 20 80, www.phiphiislandclimbers.com

INFO

Vervoer: minstens twee veerboten per dag verbinden Ko Phi Phi Don met Phuket (300-600 baht). Op het eiland word je opgehaald door je resort, de ene keer met een handkar voor je bagage, de andere keer met een longtail. Vergeet dus niet je aankomsttijd door te geven.
Ter plekke: ritten naar andere stranden vanaf 150 baht per persoon, 's nachts veel duurder. Gecharterde longtails van Ton Sai naar Ao Lo Ba Kao (800 baht, 30 min.), van Lo Dalam naar Hat Laem Thong (1200 baht, 40 min.) en naar Ao Nui (1000 baht, 2 uur).

Ko Phi Phi Le

kaart 2, D 8

Dit is de populairste bestemming voor dagtochten. Hier liggen namelijk drie wereldberoemde plekken: Maya Bay, de Viking Cave en de Pileh-lagune. Een mustsee? Laten we zeggen: beperkt aanbevolen.

Als je het enigszins kunt verkroppen, laat dit eiland dan lekker links liggen. Heb je toch het gevoel dat je móét, hou er dan rekening mee dat je met z'n heel, héél velen zult zijn. De kans is groot dat je op een gegeven moment toch denkt: ik had het me anders voorgesteld.

Filmlocatie

De blockbuster *The Beach*, waarin Leonardo DiCaprio probeert te leven als een drop-out (en daarin faalt), maakte **Maya Bay** wereldberoemd. Sindsdien zoeken talloze reizigers uit de hele wereld hier naar het verborgen paradijs. De overheid heeft inmiddels ingegrepen. Eerst werden quota ingesteld met betrekking tot de dagelijkse bezoekersaantallen. Tweeduizend vond men wel genoeg – voorheen kwamen er vijf- tot tienduizend. Toen dat niet hielp, werd de baai in de zomer van 2018 maar volledig afgesloten. Of en wanneer hij weer open gaat, is niet bekend.

Rotstekeningen en zwaluwnesten

Dan de **Viking Cave.** Verwacht hier geen heldenverhalen over gestrande Vikingen – Chinese handelaren en rare eetgewoonten voeren hier de boventoon. De grot is bekend om twee redenen. Op de eerste plaats zijn er achthonderd jaar oude rotstekeningen te zien, die waarschijnlijk zijn gemaakt door Chinese handelaren. En er worden hier zwaluwnestjes gekweekt. Plukkers klauteren behendig op de wankele bamboesteigers en 'dweilen' de nesten van de gierzwaluwen. Het eiwitrijke, taaie speeksel van de vogels, dat de nesten bij elkaar houdt, wordt als versterkend gezien. Vooral in China wordt grof geld betaald voor een soepje met zwaluwspuug. De grot is op slot. Veel mensen denken dat dit ter bescherming van de

W
WANDEL

Het zeewater warmt op, soms komt het boven de 33°C. Algen zijn gek op die stijgende temperatuur – ze groeien en groeien. Koraal heeft er echter last van en sterft af. Oorzaken worden gezocht en gevonden. Dat zijn onder meer het goeddeels onbehandelde rioolwater van de resorts, het vele plasticafval en de achteloos uitgeworpen ankers. Inmiddels is bijna 80 % van alle koraalriffen van Thailand zwaar beschadigd. Veel is inmiddels verboden terrein. Ze volledig aan het zicht van de bezoekers te onttrekken, is echter nog een brug te ver; toerisme is een te belangrijke inkomstenbron. Wel is het inmiddels verboden te overnachten op de Similan-eilanden. En zoals je op deze pagina's kunt lezen, is Maya Bay afgesloten. Andere maatregelen zullen ongetwijfeld volgen.

Mooi, maar wegens overbevolking niet meer te bezoeken: Maya Bay.

vogels is. Maar het is waarschijnlijker dat de speekseltelers niet willen worden gestoord door toeristen

Niet verder vertellen

De **Pileh-lagune** is nog niet zo heel druk. Je kunt hier (nog) heerlijk snorkelen en duiken. In de lagune, die is ingesloten door hoge karstrotsen, glinstert het glasheldere water in de zon. Huur op Phi Phi Don een longtail en laat je vroeg in de ochtend meteen hierheen brengen. En maak een tussenstop aan de rechterkant van de lagune-entree. Daar is een smal stukje strand – tot nu toe nog een verborgen parel.

Als Robinson Crusoe

Een mooie trip is die naar **Ko Mei Phai** (Bamboo Island). Vanaf Phi Phi Don duurt de boottocht 30-40 min. Als je in Laem Tong logeert, ben je in een vloek en een zucht op dit strand met wit zand, een azuurblauwe zee en weinig bezoekers. Als je na 16 uur komt tenminste, daarvoor is het er veel te druk. Gewoon een longtail huren en doen alsof je Robinson Crusoe bent – al mag je er niet overnachten.

INFO

Dagtochten kunnen worden geboekt vanuit Phuket. Je loopt dan wel het risico dat je van strand naar strand wordt gevaren tussen vijftig Chinezen. Dat kan onderhoudend zijn, maar die 'attractie' verveelt snel. Je kunt dus beter een longtailtocht ondernemen vanuit Phi Phi Don, bijvoorbeeld met Mr. Chet (Ao Lo Ba Kao, Knock Out Bar, tel. 087 278 79 01, www.mrchet.info). Maar nog beter is een privétocht met een gecharterde boot, waarbij je de bestemming(en) en de duur zelf bepaalt (vanaf 1000 baht voor 2-3 uur, 2000-3000 baht voor de hele dag).
Bijdrage: als je meer wilt zien dan Ko Phi Phi Don betaal je een bijdrage van 400 baht voor het nationale park (duikers 600 baht extra).

15

Manta's en haaien – **duiken in de Similan-archipel**

Je wordt wakker, je bed schommelt heen en weer. Een nieuwe dag begint. En wat voor een dag. Vandaag zul je enorme granieten rotsen zien, mysterieuze grotten bezoeken en oog in oog komen met indrukwekkende zeebewoners.

Je bevindt je op een duikschip in de Similan-archipel, zo'n 8 graden ten noorden van de evenaar. De archipel hoort bij Surin National Park en omvat negen eilanden. Kun je nog niet duiken? Dan volg je gewoon een cursus waarbij je constant in het water ligt – ook 's nachts. Niks voor jou? Dan ga je lekker snorkelen, dan zie je ook al heel mooie dingen. De Similans werden lang gezien als een van de beste duikplekken ter wereld. Maar op grond van de grote schade aan het rif (zowel door de tsunami van 2004 als door koraalsterfte door de opwarming van het zeewater) hebben ze deze status niet meer. Bezienswaardig is deze onderwaterwereld echter nog steeds.

Wie leeft hier dan?

Duik naar walvishaaien, luipaardhaaien en wit- en zwartpuntrifhaaien. Maak je geen zorgen, ze zijn geen van alle gevaarlijk. Sierlijk glijden reuzenmanta's langs, overal schieten familieleden van Nemo voorbij, oranjerood gestreepte clownvissen. Hun buren zijn dokters-, vleermuis- en vlindervissen, murenen, snappers, barracuda's en koffervissen. Die laatste zien er overigens alleen rechthoekig uit als ze bang zijn. Ze laten de lucht weer snel uit hun lijf als ze zien dat je geen gevaar vormt. Trekkervissen zijn een stuk boosaardiger. Komt een van deze jongens dicht bij je, legt hij zijn kop opzij en kijkt hij je uitdagend aan, dan verdedigt hij zijn territorium en moet je maken dat je wegkomt. Zijn tanden zijn dan wel klein, ze zijn behoorlijk scherp en als hij je bijt, doet het absoluut pijn.

K
KORAAL

Leave nothing but footprints. Nou ja, liever zelfs dat niet, blijf maar gewoon overal van af. Het aanraken van koralen is absoluut taboe. Aarzel niet te klikken als je ziet dat een van je tripgenoten zich niet aan die regel houdt. Niet aanraken, niet afbreken, niet erop gaan staan – het zijn doodsvonnissen voor de gevoelige organismen.

Een walvishaai tegenkomen, is een van de absolute hoogtepunten in een duikersleven.

Beleef geweldige momenten in onderwatergrotten, waar je als ervaren duiker doorheen kunt zwemmen. Eiland nr. 1, **Ko Huyong**, is voor jou echter taboe. Het is een schildpaddeneiland, hier worden van november tot februari vlijtig eieren begraven. Onder water zul je de indrukwekkende dieren echter bijna zeker tegenkomen.

Prima zicht

De meer dan vijfentwintig duikspots liggen op een diepte van 10 tot 40 m en dragen veelbelovende namen als **Garden Eden, Christmas Point** en **Turtle Rock.** De duikomstandigheden zijn goed. Het zicht is meestal perfect (25-30 m) bij een watertemperatuur van 26-29°C. Vanaf januari kan het water tijdelijk wat troebeler zijn in verband met plankton en eind februari wordt de stroming sterker.

INFO EN OPENINGSTIJDEN

Het nationale park is tussen half mei en 1 november gesloten.

Tip: kies voor een meerdaagse 'Live Aboard' in plaats van een dagtocht – ook als je alleen maar wilt snorkelen. Het eten wordt altijd verzorgd door de organisatie. Een duiktocht met vier overnachtingen is er vanaf circa € 500. Inclusief beginnerscursus kost hij € 800. Schrijf je op tijd in, want het aantal bezoekers is begrensd op tweeduizend per dag.

Aanbieders: backpackers kiezen vaak voor Sea Bees (www.sea-bees.com), Similan Diving Safaris, (www.similan-diving-safaris.com) en Dive Asia (www.diveasia.com). Wat stijlvoller, en niet eens veel duurder, is The Junk (www.thejunk.com).

Uitneembare kaart: kaart 2 onderaan en kaart 3, A 8

Reisinformatie

AANKOMST

Met het vliegtuig
Vanuit Amsterdam noch Brussel wordt rechtstreeks op Phuket gevlogen. Je zult altijd een tussenstop moeten maken in bijvoorbeeld Istanbul, Bangkok, Kuala Lumpur, Hongkong of een van de golfstaten. Check vergelijkingssites als Skyscanner en Google Flights voor de beste deals en let niet alleen op de prijs, maar ook op de vluchttijden, zeker als je reist met (kleine) kinderen. Vanuit Bangkok kun je kiezen uit zeker twintig vluchten per dag met maatschappijen als Thai Airways, Air Asia en Thai Vietjet.

DOUANE

Kijk even in je paspoort. Is het nog minstens zes maanden geldig bij het begin van je reis? Dan is het goed, anders moet je voor vertrek nog even een nieuwe halen. Verder is alles eenvoudig. Voor reizen tot 30 dagen krijg je een *visa on arrival*. Wil je langer blijven, vraag dan een visum aan. Er wordt zelden om gevraagd, maar het is wel handig als je kunt laten zien dat je een retourticket hebt (op je telefoon is prima).

DIPLOMATIEKE VERTEGENWOORDIGING

Nederlands consulaat Phuket: Seven Smulders, Hotel Escape de Phuket 126/42, Pracha Uthit 5, Road Rassada district, Muang, Phuket, tel. 076 52 87 84/5, 08 48 52 92 79, dutchhcp@gmail.com.
Nederlandse ambassade Bangkok: tel. 023 09 52 00, ban@minbuza.nl.
Belgische ambassade Bangkok: tel. 021 08 18 00, 08 18 33 99 87, bangkok@diplobel.fed.be (er is geen Belgisch consulaat in Phuket).

DUURZAAM REIZEN

Het boosaardige CO_2
Alleen al de vlucht naar Thailand stoot een enorme berg koolstofdioxide uit. Die kun je compenseren via allerlei organisaties (zie Google). Vaak kun je dit ook aanvinken na het boeken van je ticket. Door minder of geen vlees te eten, bespaar je overigens ook een heleboel CO_2. Dat is in Thailand heel eenvoudig, want er zijn talloze heerlijke vegetarische gerechten. Sterker nog, in de Thaise keuken is vlees vaak slechts een smaakmaker (bijvoorbeeld bij gebakken rijst). Veel traditionele gerechten worden standaard met tofoe gemaakt. Er zijn net als elders in de wereld ook in Thailand steeds meer vegan restaurants.

Plastic is niet zo fantastic
Probeer zo min mogelijk plastic flessen te kopen. Vul ze liever weer bij uit de grote tank. Misschien kun je een keertje helpen bij een **beach clean-up.** Daarnaast helpt het al als je na een dagje strand niet alleen je eigen afval verzamelt, maar alles meeneemt wat in een straal van bijvoorbeeld 5 m om je heen ligt.
Het heeft even geduurd, maar ook in Thailand is de noodzaak van duurzaamheid doorgedrongen. Vooral jonge mensen zijn begaan met het milieu. *Mei sai tung,* winkelen zonder plastic zakjes, werd lang gezien als een westers fenomeen – de Thai moesten erom lachen: waarom zou je dat nu doen? Maar steeds meer locals zien de noodzaak van een boodschappentas. Wees een voorbeeld en gebruik je strandtas als je naar de supermarkt gaat.

GEZONDHEID

Vooraf: informeer ruim op tijd naar eventuele inentingen.
Ter plekke: tegen het altijd weer door muggen overgedragen dengue helpt

Niet alleen in Sint-Maarten vlieg je vlak over het strand, ook op Phuket.

maar één ding: je niet laten steken. Neem dus **antimuggenmiddel** met DEET mee. In de alomtegenwoordige apotheken zijn ook allerlei middeltjes te koop.

Drink geen **kraanwater**. Gevoelige types moeten het niet eens gebruiken om hun mond mee te spoelen na het tandenpoetsen. **IJsblokjes** waren lange tijd stiekeme veroorzakers van diarree en andere narigheid, maar er zijn grote stappen gezet op het gebied van hygiëne. Bij de zaken die in deze gids staan, hoef je een ijsschots in je glas zeker niet te vrezen.

Voor eten geldt de regel: koken, braden of schillen, en anders laten staan. En heb je om een of andere reden een slecht gevoel bij een gerecht of restaurant? Negeer dat dan niet.

INFORMATIE

Toeristenbureaus

Bij de informatiekantoren en -standjes van de Tourism Authority of Thailand (TAT) is allerlei info over Thailand te vinden. Een goede online informatiebron is www.tourismthailand.org, de officiële TAT-site.

Blogs en websites

Er zijn talloze slechte en een paar goede blogs over Phuket. De bekendste en waarschijnlijk beste is **www.phuketastic.com**. Ook www.jamiesphuketblog.com is leuk. Een goede Nederlandse site is **www.tipsthailand.nl**.

KLIMAAT EN REISSEIZOEN

Phuket is een moessonzone met een regentijd. Droog is het tijdens het hoogseizoen van november tot april. Daarna regent het. En regent het nog meer. Maar niet altijd – ook in Thailand hebben de weergoden een eigen willetje. Echt uitgestorven is het eiland nooit, en zolang het niet constant nat is, verlenen de soms heftige regenbuien en het weelderige groen van de in die tijd kiemende planten het eiland een heel bijzondere charme. De temperatuur schommelt tussen de 21 en 35°C.

MEDISCHE VERZORGING

Phuket heeft een aantal goede ziekenhuizen. Mocht je ziek worden, dan word je daar goed geholpen. Zelfs bij duikonge-

vallen is er altijd snel hulp ter plaatse. Trauma-speedboten pikken je desnoods midden op zee op.
Bel bij noodgevallen **tel. 191** of ga rechtstreeks naar een ziekenhuis.
Bangkok Hospital Phuket: 2/1 Hongyok Uthit Rd., tel. 076 25 44 25, noodhulp tel. 17 19, www.phukethos pital.com.
Vachira Phuket Hospital (gespecialiseerd in duikongevallen): 253 Yaowarat Rd., tel. 076 36 12 34.

OMGANGSVORMEN

In Thailand gaat men anders met elkaar om dan bij ons. Maar maak je geen zorgen: als je iets 'verkeerd' doet, is dat nu ook weer niet zo vreselijk erg, hoor. Je bent niet de eerste westerse toerist in Thailand, de Thai zijn inmiddels wel gewend aan onze 'rare' manieren. Zolang je maar je best doet en vriendelijk lacht, zullen ze je je fouten vergeven.

Begroeting

Thai is het land van de *wai*. Ook al zijn ze de westerse manier – handen schudden – inmiddels gewend, onderling begroeten de Thai elkaar altijd met de voor de borst tegen elkaar gelegde handpalmen; een manier van groeten die respect betuigt. Hoe hoger de wai, hoe meer respect voor degene die je begroet. Wordt een monnik begroet, dan worden de handen vaak boven het hoofd geheven. De monnik zal echter slechts vriendelijk knikken. Zo reageer je ook als kinderen door middel van een wai hallo zeggen tegen je – maar zwaaien mag ook.

In de tempel en in het dorp

Voor tempelbezoekers gelden strenge kledingvoorschriften. Trek altijd je schoenen uit en liefst ook je sokken. Draag altijd een topje dat de schouders bedekt en een broek of rok die de knie bedekt. In dorpjes buiten de toeristische gebieden zijn bikini's en zwembroeken taboe. Behalve op het strand natuurlijk.

De zomer is het surfseizoen.

De koning en het geld

De koning en de koninklijke familie mogen in geen geval bekritiseerd worden of op enige andere manier beledigd. Dat betekent ook dat je bankbiljetten met eerbied dient te behandelen, want die worden gesierd door het portret van de in 2016 overleden koning Rama IX. Wil je hem echt respecteren, dan overhandig je je biljetten netjes op elkaar gestapeld en met beide handen.

OVERNACHTEN

Een stijlvolle bungalow aan het strand, een goed ingerichte hotelkamer met blik op het zwembad of toch liever een eenvoudige bamboehut? Wat dacht je van een nacht in een hostel? Dat is de perfecte plek om mensen te leren kennen. Snel contact leggen met Thai kun je in de vaak door families gerunde guesthouses. Op Phuket en de omliggende eilanden vind je zo'n beetje alle soorten accommodaties die je je maar kunt voorstellen. Nou ja, geen wolkenkrabbers met duizenden kamers, maar die verwacht je eerder in een metropool als Bangkok dan op een idyllisch eiland. In deze gids vind je een selectie van de overnachtingsmogelijkheden op de diverse eilanden. Er zit vast wel wat voor je bij. Wil je iets boeken, vergelijk dan de prijs op de website van de accommodatie (als die bestaat) met sites als **www.booking.com**. Hotels zullen de prijs op zo'n site graag willen matchen, zodat ze de torenhoge provisie niet hoeven te betalen.

Faciliteiten: bijna alle kamers hebben een eigen badkamer, tenzij nadrukkelijk staat aangegeven dat het niet zo is.
In eenvoudige hutten wordt meestal tweemaal per week schoongemaakt, in hotels komt het kamermeisje uiteraard elke dag. Laat geen waardevolle zaken in het zicht liggen. De meeste kamers beschikken over een kluisje.
Op de kleinste na heeft bijna elke accommodatie wel een restaurant. Daar kun je in de regel alles bestellen waar de gemiddelde toerist van houdt: pad thai, gebakken rijst, burgers en patat. Alleen de restaurants van de duurdere resorts zijn écht goed.

REIZEN MET EEN BEPERKING

Het toeristische aanbod in Thailand is niet afgestemd op mensen met een beperking. Zo zijn er geen invalidentoiletten of hellingplanken voor rolstoelen. Ondanks dat zijn er toch altijd reizigers met een rolstoel op pad, ook op afgelegen plaatsen – meestal onder begeleiding. Georganiseerde reizen naar Thailand voor mensen met een lichamelijke beperking zijn te vinden bij Buitengewoon Reizen (www.buitengewoonreizen.nl) of via maatwerkspecialist Make My Holiday (www.makemyholiday.nl). Locals zullen er overigens alles aan doen om mensen met een beperking te helpen. Met meerdere mensen een rolstoel uit het zand bevrijden? *'No problem'* is niet voor niets een van de lievelingsuitspraken van de Thai.

SPORT EN ACTIVITEITEN

Bergbeklimmen

Van boven glinstert het water nog mooier, en het uitzicht is adembenemend. Leren bergbeklimmen kun je op Ko Phi Phi, ervaren alpinisten trekken naar Ko Yao Noi. Hoewel je hier al jaren rotsen kunt beklimmen, wordt dit nog niet massaal gedaan.

Boksen

Thaiboksen is een traditie. Leren boksen betekent dan ook dat je je onderdompelt in de cultuur, met je hele lijf. Op Ko Yao Noi is een bokskamp met een heel goede reputatie en op Phuket zelf zijn meerdere goede scholen. Als je liever toekijkt hoe ánderen zweten – en soms bloeden – kun je naar een bokspartij in Patong!

Kajakken

Peddel langs de kust en ontdek afgelegen plekken op het verder zo overvolle Ko Phi Phi of het rustige Ko Jum. En je hoeft niet bang te zijn dat je er spierpijn van krijgt, want beide tochten zijn inclusief je eigen *paddle boy*.

Koken

Hou je van de Thaise keuken? Schrijf je dan in voor een van de talloze kookcursussen. Behalve de typisch Thaise ingrediënten (waarvan tegenwoordig al vele te koop zijn in onze supermarkten en anders in de toko) leer je ook de basisprincipes van deze keuken kennen. Een prachtig souvenir dat je elke keer dat je achter de wok staat doet denken aan je vakantie in Thailand.

Snorkelen en duiken

Onder het wateroppervlak wordt het pas echt spannend. Snorkelen kun je op talloze plekken op eigen houtje (materiaal is vaak voorhanden of op z'n minst goedkoop te huur of koop). Ook duikers kunnen hier hun lol op. Er worden mooie dagtochten aangeboden naar duikspots rond Phuket. Als je geïnteresseerd bent in de onderwaterwereld van de Similan-archipel, kun je beter een meerdaagse Liveaboard boeken. Kun je nog helemaal niet duiken? Op Ko Racha kun je deelnemen aan een bijzonder indrukwekkende onderwaterles.

Surfen

Zoek je de perfecte golf? Dan zijn de zomermaanden van juni tot oktober jouw reistijd. De zee wordt dan ruw. Oké, het is hier zeker geen Hawaii, maar de omstandigheden zijn goed genoeg om gelijkgestemden uit de hele wereld te lokken.

VEILIGHEID EN NOODGEVALLEN

Ook in Thailand geldt: gelegenheid maakt de dief. Gebruik dus je gezond verstand. Dat fluistert ongetwijfeld dat het niet zo handig is om tegen zonsopkomst over de Strip van Patong te waggelen – in elk geval minder veilig dan overdag helemaal nuchter op het strand te liggen. Hoe dan ook is het verstandig om je waardevolle zaken achter te laten in het kluisje in je kamer. Wat naast een paar baht voor een ijsje en een bedje belangrijk is: je moet je op elk gewenst moment kunnen legitimeren. Neem dus een kopie van je paspoort mee.
Heb je problemen met de uitbater van je hotel? Heb je het idee dat de taxichauffeur je probeert op te lichten? Wellicht kan de **toeristenpolitie** je helpen. Ook als je ondanks alle voorzorgsmaatregelen tóch bestolen bent, is dit je eerste aanspreekpunt (Tourist Police, Yaowarat Rd., tel. 076 35 50 15, bij nood tel. 11 55).

Creditcard en pinpas

Skimmen is een wereldwijd probleem dus ook in Thailand zullen er geprepareerde pinautomaten zijn. Professionele bendes kunnen dan veel geld van je rekening halen. Een tip, maar geen garantie: pin bij automaten die bij een bankkantoor staan. Gebeurt er dan wat, dan heb je in elk geval een concreet aanspreekpunt. Is je kaart gestolen, laat hem dan onmiddellijk blokkeren (zie **www.pasblokkeren.nl**).

VERVOER TER PLEKKE

Op Phuket

Tussen Phuket Town en de luchthaven rijdt zeven keer per dag een **shuttlebus** (www.airportbusphuket.com) op en neer (via Nai Yang van, 20-100 baht). Voor een **taxi** koop je in de aankomsthal een coupon en laat je je een auto toewijzen. Een ritje kost afhankelijk van de eindbestemming 600-900 baht.
Van strand naar strand hoppen is alleen mogelijk met **tuktuks**, taxi's (beide 400-1000 baht) of de **Smart Bus**, die aan de westkust op en neer pendelt tussen het vliegveld en Rawai (www.phuketsmartbus.com, 7-17 uur elke 45 min., 50-170 baht). Reguliere

Overal zie je dit soort kleurrijke taxi's.

minibussen rijden van Patong, Kata en Karon rechtstreeks naar Phuket Town (150 baht). Een goedkope optie zijn de openbare **eilandbussen**, die mensen van hun werk naar de stad brengen. In deze grote bussen is veel plek, maar vooral buiten de spits. De laatste bus rijdt tegen 17 uur (40-50 baht).

Huurauto

In Thailand rijden ze aan de linkerkant van de weg. Daar ben je, als je een auto huurt, vrij snel aan gewend. Zeker omdat de meeste auto's een automaat hebben en je dus niet met links hoeft te schakelen. Alleen dat het knipperlicht rechts zit, levert weleens problemen op. Alhoewel, problemen – je wist spontaan je ruiten als je links- of rechtsaf wilt slaan, da's alles. Het verkeer op Phuket is een stuk hectischer dan wij gewend zijn. Je komt met een auto overal, maar echt van de rit genieten is voor de bestuurder misschien wat lastig. Alle grote verhuurbedrijven hebben een vestiging op Phuket, de huurprijs is € 40-50 per dag.

Scooters huren

Je hebt gehoord dat je overal in Thailand makkelijk op scooters kunt rijden? Dat klopt niet. Althans, dat klopt half. Veel mensen doen het gewoon, maar officieel heb je een in Thailand geldig rijbewijs nodig. Maar de meeste vakantievierders mogen niet eens in eigen land met de onschuldig uitziende gevaarten rijden. Want wat eruitziet als een simpel brommertje, is meestal een 125 cc-motorfiets. Er gebeuren veel ongelukken met de scooters, dus kijk goed uit waar je rijdt en stap nooit beschonken op – je hebt immers geen airbag.

Naar de andere eilanden

Vanuit verschillende havens varen boten en bootjes naar de andere in dit boek beschreven eilanden. Vanaf de Rasada-pier kun je naar Ko Phi Phi, Ko Lanta en Krabi. Vanaf Chalong vertrekken schepen naar Ko Racha en Ko Naka en naar de beide Ko Yaos kun je vanuit Jian Warnitt (in de buurt van Phuket Town) en Bang Rong. Transfers vanaf de stranden zijn meestal bij de prijs inbegrepen. Ben je met een groep of met je gezin, dan is het vaak goedkoper om een eigen taxiboot te charteren. De combikaarten zijn namelijk meestal zo'n 100 baht per persoon. Duikschepen naar de Similans vertrekken vanaf het vasteland (Khao Lak), de busrit duurt zo'n 2 uur. Op welk eiland je ook zit, huur een keer een longtail, want een ritje daarmee hoort simpelweg bij een reis naar Thailand.

R
RIJBEWIJS

Je kunt zonder problemen een auto huren in Thailand, maar officieel heb je daarvoor wel een internationaal rijbewijs nodig. Je kunt het erop gokken, want bij de meeste verhuurbedrijven vragen ze er niet naar en volstaat je gewone rijbewijs. Vraag er van tevoren naar bij het verhuurbedrijf. Een internationaal rijbewijs kun je aanvragen bij de ANWB-winkels.

Hoe zegt u?

sabai dii kap (kaa)

Hoe gaat het?

pet nit noi

PET MAHK MAHK

Een beetje pittig

mei pet

Heel pittig
('scherp veel veel')

Niet pittig

sawadii kap (voor mannen),
sawadii kaa (voor vrouwen)

sanuk

Hallo!

TSCHOCK DII

Lol, plezier
Het optimale, steeds nagestreefde
Thaise levensgevoel

Veel geluk, het beste

pop kann mei (prung nii)

mei pen rai

Doei, tot morgen

Geeft niks

mei sabai

Nüng, song, saam

Niet goed, niet gelukkig

Een, twee, drie

Paklijst

> DATUM

....

> AANTAL DAGEN

....

> HET WEER

WARM KOUD NAT

> BASISUITRUSTING

- ANWB EXTRA
- PASPOORT/ID-KAART
- TICKETS & VISUM
- RIJBEWIJS
- BANKPASSEN
- MEDICIJNEN
- VERZEKERINGEN
- HOTELADRES
- ....
- ....
- ....
- ....
- ....

C
CHECK

> TOILETARTIKELEN

- ....
- ....
- ....
- ....
- ....
- ....
- ....
- ....
- ....
- ....
- ....
- ....
- ....

> KLEDING

- ....
- ....
- ....
- ....
- ....
- ....
- ....
- ....
- ....
- ....
- ....
- ....
- ....
- ....

> DIVERSEN

- ....
- ....
- ....
- ....
- ....
- ....
- ....
- ....

> ELEKTRONICA

- ....
- ....
- ....
- ....
- ....

Mijn tripplanner

DAG 1

Blz ...... MUST SEE ....
Blz ....
Blz ....
Blz ....
Blz ....
Blz ....
Blz ...... ETEN EN DRINKEN ....
Blz ....

DAG 2

Blz ...... MUST SEE ....
Blz ....
Blz ....
Blz ....
Blz ....
Blz ....
Blz ...... ETEN EN DRINKEN ....
Blz ....

DAG 3

Blz ...... MUST SEE ....
Blz ....
Blz ....
Blz ....
Blz ....
Blz ....
Blz ...... ETEN EN DRINKEN ....
Blz ....

DAG 4

Blz ...... MUST SEE ....
Blz ....
Blz ....
Blz ....
Blz ....
Blz ....
Blz ...... ETEN EN DRINKEN ....
Blz ....

MUST SEE..	Blz ......
....	Blz ......
....	Blz ......
....	Blz ......
....	Blz ......
....	Blz ......
ETEN EN DRINKEN	Blz ......
....	Blz ......

DAG 5

MUST SEE..	Blz ......
....	Blz ......
....	Blz ......
....	Blz ......
....	Blz ......
....	Blz ......
ETEN EN DRINKEN	Blz ......
....	Blz ......

DAG 6

MUST SEE..	Blz ......
....	Blz ......
....	Blz ......
....	Blz ......
....	Blz ......
....	Blz ......
ETEN EN DRINKEN	Blz ......
....	Blz ......

DAG 7

....	Blz ......
....	Blz ......
....	Blz ......
....	Blz ......
....	Blz ......
....	Blz ......
....	Blz ......
....	Blz ......

E EXTRA

Notities

T
TIPS

Favoriete plekken – **review**

> OVERNACHTEN

ACCOMMODATIE ► ....

ADRES/BLADZIJDE ....

PRIJS € €€ €€€

NOTITIE ....

....

> ETEN EN DRINKEN

....

RESTAURANT ► ....

ADRES/BLADZIJDE ....

PRIJS € €€ €€€ CIJFER

VOORGERECHT ....

HOOFDGERECHT ....

NAGERECHT ....

NOTITIE ....

....

RESTAURANT ► ....

ADRES/BLADZIJDE ....

PRIJS € €€ €€€ CIJFER

VOORGERECHT ....

HOOFDGERECHT ....

NAGERECHT ....

NOTITIE ....

....

RESTAURANT ► ....

ADRES/BLADZIJDE ....

PRIJS € €€ €€€ CIJFER

VOORGERECHT ....

HOOFDGERECHT ....

NAGERECHT ....

NOTITIE ....

....

....

> WINKELEN

WINKEL ► ....

ADRES/BLADZIJDE ....

NOTITIE ....

....

WINKEL ► ....

ADRES/BLADZIJDE ....

NOTITIE ....

....

> UITGAAN

GELEGENHEID ► ....

ADRES/BLADZIJDE ....

NOTITIE ....

....

GELEGENHEID ► ....

ADRES/BLADZIJDE ....

NOTITIE ....

....

> EXTRA

EXTRA ► ....

ADRES/BLADZIJDE ....

NOTITIE ....

....

EXTRA ► ....

ADRES/BLADZIJDE ....

NOTITIE ....

....

EXTRA ► ....

ADRES/BLADZIJDE ....

NOTITIE ....

....

....

Fotoverantwoording

akg-images, Berlin: blz. 4 onder, 20, 64 (Pictures from History)
Fotolia, New York: blz. 105 (Dorin); 128/9 (Magnus); binnenflap voor, 8/9 (Niemhom); binnenflap achter (nirutft); 58 (PixHound)
Getty Images, München: blz. 99 (Colombo); 102 (Richards); 35 (Rook); 109 (SoPA Images/Gandolfo)
Glow Images, München: blz. 103 (CulturaRF/Henn)
Huber-Images, Garmisch-Partenkirchen: blz. 54, 69 (Huber); 42/43 (Vaccarella)
laif, Keulen: blz. 128/2 (Allpix/Cineliz); 79 (Heeb); 87, 90 (Heuer); omslag, uitneembare kaart (Linkel); 76/77 (Morandi); 4 boven (REA/Arnold); 21, 31 (Redux/Duggleby); 32, 33, 39 (Standl); 98 (Y.M.O.P./Dherbeys)
Andrea en Mark Markand, Freusburg: blz. 14/15, 24, 29, 40, 57, 67, 70, 73, 74, 82, 83, 84, 92, 94, 97, 128/1, 128/3, 128/5, 128/6, 128/7
Mauritius Images, Mittenwald: blz. 36 (age fotostock/Stamboulis); 22, 63 (Alamy/Azavedo); 45 (Alamy/Barclay); 113 (Alamy/Harrison); 51 (Alamy/Linwei); 47 (foodcollection); 80 (imageBROKER/Stadler); 30 (imageBROKER/Stella); 17 (Schulz); 88 (Westend61/Papke)
picture-alliance, Frankfurt: blz. 55 (EIBNER/Schulz); 25 (imageBROKER/Tepass); 27 (Walton)
Shutterstock.com, Amsterdam: blz. 89 (Aniruth Thailand); 107 (Chanwit Polpakdee); 23 (T.Dallas); 60 (Fadeev); 128/8 (Manny Photo); 110 (smolny1); 71 (Stanev); 11 (suwijaknook6644689); 72 (thaisign); 7 (Waschtschenko); 68 (wiratho)
Visum, München: blz. 128/4 (Panos Pictures)
Illustratie blz. 3: Gerald Konopik, Fürstenfeldbruck
Illustraties blz. 5: Antonia Selzer, Lörrach

Hulp gevraagd!
De informatie in deze reisgids is aan verandering onderhevig. Het kan dus wel eens gebeuren dat je ter plaatse een andere situatie aantreft dan de auteur.
Is de tekst niet meer helemaal correct, laat ons dat dan even weten.

Ons adres is:
Uitgeverij ANWB
Redactie KBG
Postbus 93200
2509 BA Den Haag
anwbmedia@anwb.nl

Productie: Uitgeverij ANWB
Coördinatie: Els Andriesse
Tekst: Andrea en Mark Markand
Vertaling: Amir Andriesse
Eindredactie: Machiel Rebergen
Opmaak omslag: Atelier van Wageningen
Opmaak: Hubert Bredt
Opmaak notitiepagina's: Studio 026
Concept: DuMont Reiseverlag
Grafisch concept: Eggers+Diaper
Cartografie: DuMont Reisekartografie
© 2018 DuMont Reiseverlag

© 2019 ANWB bv, Den Haag
Eerste druk
ISBN: 978-90-18-04534-0

Alle rechten voorbehouden
Deze uitgave werd met de meeste zorg samengesteld. De juistheid van de gegevens is mede afhankelijk van informatie die ons werd verstrekt door derden. Indien die informatie onjuistheden blijkt te bevatten, kan de ANWB daarvoor geen aansprakelijkheid aanvaarden.

Herinner je je deze nog?

9 van 385.042 gezichten van Phuket

Rama de Grote

Koning Bhumibol, Rama IX, was de langst zittende monarch van het land – en waarschijnlijk de meest geliefde. Met zijn dood in 2016 stierf ook een stukje Thailand.

Leonardo DiCaprio

Als backpacker kwam de jonge Leonardo rond de eeuwwisseling naar Thailand en in de bioscoop. De droom van een paradijs werd een nachtmerrie. De film *The Beach* is sindsdien cult.

Hai Leng Ong

Hij is ooit uit de oceaan verrezen om Phuket te beschermen. Als gouden beeld waakt de Chinese draak sinds het 60e jubileumjaar van koning Bhumibol in 2006 over het lot van het eiland.

Trash Hero

Verbeter de wereld, begin bij het strand. We kunnen allemaal een afvalheld zijn. Bijvoorbeeld op zaterdag op Phuket. Waar precies, zie je op www.facebook.com/TrashHeroPhuket.

Kanjana Khumcruth (Gan)

De coole schilder heeft weliswaar maar één onderwerp, maar dan wel in duizend-en-één bontgekleurde variaties. Haar werk is te zien op Phang Nga Road in Phuket Town.

Leather Man

De cowboy van Phuket – altijd aanwezig op de Weekend Market. Want daar baat de altijd vriendelijk lachende Mr. Saksam de Tam Leather Bar uit, die ook in het Wilde Westen zou kunnen staan.

John Gray

'Ling Yai', de grote aap, wordt hij liefdevol genoemd door de Thai. De wegbereider van de Phang Nga Bay-tours is een ecologische voorloper en geniet alle respect.

Luang Pho Chaem

Deze monnik wordt tot op de dag van vandaag aanbeden omdat hij tijdens de tinarbeidersopstand van 1876 medische hulp schonk aan iedereen die het nodig had.

Nemo

Is deze clownvis een meisje of een jongen? Bij deze kleurrijke soort zijn alle jonkies mannelijk. Slechts een aantal wordt later als ze groot zijn een meisje.